MARKETING RH

Comment devenir un employeur attractif

RESSOURCES HUMAINES

Philippe LIGER

MARKETING RH

Comment devenir un employeur attractif

4e édition

DUNOD

Du même auteur : Avec G. Rohou, *L'empowerment*, Dunod, 2016.

Conseiller éditorial : Thierry Libaert

Création couverture : Hokus Pokus

Photo couverture : © Julien Eichinger – Fotolia.com

Mise en page : Nord Compo

11 rue Paul Bert, 92240 Malakoff

ISBN 978-2-10-075389-5

Sommaire

À Pascale, Anaïs et Lucas.

« Je crois aux groupes stables et si je garde longtemps mes musiciens c'est parce que je ne les engage pas à la légère.
Je ne prends personne avec moi sans être absolument persuadé de son talent. Et j'ai la conviction que, pour garder un groupe, il faut faire une place de choix à chacun de ses composants, mettre chaque musicien dans son élément pour qu'il donne le meilleur de lui-même. »

Bill Evans[1]

1 *In* Noël Balen, *L'Odyssée du Jazz*, Liana Levi, 2003.

Introduction

Marketing et ressources humaines : un mariage étonnant

Aujourd'hui encore, l'expression « marketing RH » laisse nombre d'interlocuteurs perplexes et certains auditoires dubitatifs, quand elle ne provoque pas un rejet de la part de celles et ceux qui ont une vision classique du rôle d'une direction des ressources humaines dans les organisations.

Le mot « marketing » évoque encore trop souvent les techniques utilisées par la publicité pour faire consommer tel produit ou tel service à des consommateurs réputés, sinon « manipulés », du moins influencés pour acheter quelque chose dont ils auraient sans doute pu se passer. De façon sous-jacente, c'est la notion de libre arbitre que le marketing remettrait en cause, la capacité de l'individu à exercer son libre choix.

Le marketing souffre sans doute en France de son origine anglo-saxonne : que n'a-t-on pas mis en avant depuis des décennies la réticence des Français à valoriser ce qui relève du commercial, longtemps considéré comme du domaine des bonimenteurs et des tireurs de sonnettes. Le marketing, réputé participer à la construction et à l'expression du discours commercial, peine à être bien défini, connu et donc considéré comme une discipline sérieuse et digne de considération dans la patrie de Descartes.

Accoupler le mot « marketing » à celui de ressources humaines revient dès lors à vouloir marier la carpe et le lapin, concilier des inconciliables, bref, proférer une monstruosité.

Les ressources humaines seraient-elles un domaine trop sérieux pour être confiées au marketing ? Soulignons d'emblée qu'il n'est pas dans notre propos d'opérer une quelconque substitution entre les fonctions ressources humaines et celles du marketing dans les entreprises : chacun son métier. Mais, de même que les responsables ressources humaines se sont peu à peu familiarisés avec la communication interne, jusqu'à en assurer la charge au détriment parfois des « dircom »[1], il va leur falloir apprendre à se servir des techniques issues du marketing, pour attirer le futur collaborateur (le séduire), l'intégrer (l'accueillir) et le garder (le fidéliser), à l'instar d'un client d'une marque qui serait dans ce cas celle de l'entreprise employeur. Le contexte économique, démographique, social, politique et même moral n'a plus rien à voir avec celui des « Trente Glorieuses » ni avec celui des années « calamiteuses ». Nous sommes dans l'ère de la complexité sociale.

Celle-ci résulte des nombreuses années de crise que nous venons de connaître, que nous connaissons encore et qui marquent durablement les esprits et la mémoire collective. Elle provient de la multiplication des situations et des attitudes face au travail qui n'est plus une valeur de référence centrale. Creuset de cette valeur travail, l'entreprise n'est plus cette nouvelle frontière que chacun souhaite atteindre et dépasser mais ressemble pour beaucoup à un mirage, une réalité trop souvent virtuelle. Et, pour finir, la montée de l'individualisme rend plus difficile la formation de nouvelles solidarités ou d'un partage de valeurs sociales.

Réinventer des modèles cohérents et clairs

■ Besoin de repères

Il faut donc réinventer des modèles et bâtir de nouveaux repères dans un monde qui en manque singulièrement. Les directions des ressources humaines sont bien placées pour vérifier que les organisations sont devenues « globales ». Les frontières qui existaient autrefois entre

1 Directeurs de la communication.

directions « fonctionnelles » et « opérationnelles » tendent à disparaître, les évolutions au sein des entreprises ne sont plus linéaires, la gestion du plan de carrière fait place au management des compétences, les changements sont de plus en plus rapides et les situations à gérer de plus en plus nombreuses et complexes. Jamais pourtant la force des organisations, qui doivent posséder leurs règles du jeu, n'a autant dépendu de leur capacité à produire de la cohérence et du sens, c'est-à-dire de la compréhension de la stratégie ou plus simplement de la clarté des objectifs de l'entreprise et de ceux de chacun des collaborateurs dans leur propre équipe et pour eux-mêmes.

■ Un environnement inédit

Sous la pression de l'opinion, le marketing a lui-même opéré sa mutation. Il est passé d'une logique produit à celle infiniment plus complexe du service et de la relation client et n'a plus grand-chose à voir avec ce qu'il était, quand il produisait un discours déconnecté des réalités d'une marque.

De même que les décalages qui pouvaient exister entre le discours publicitaire d'une marque et certaines de ses pratiques, sociales ou environnementales par exemple, ne sont plus admis par le public – parce qu'intérieur et extérieur sont désormais mêlés –, de même les ressources humaines ne peuvent plus se contenter de gérer des flux de personnel, entrants et sortants, sans prendre en compte ou plutôt être associées à la définition des objectifs stratégiques de leur organisation par rapport à son environnement. Tout simplement parce que cet environnement est totalement inédit.

La pénurie de main-d'œuvre qualifiée

C'est là d'abord qu'intervient la dimension marketing. Sur un marché qui se caractérise de plus en plus par une raréfaction des ressources humaines qualifiées, les entreprises doivent apprendre à optimiser ces ressources en utilisant la diversité de compétences et la complémentarité des formations et des cultures de leurs collaborateurs pour en faire un avantage concurrentiel. Les directions des ressources humaines doivent commencer à se lancer dans une ingénierie des connaissances, des compétences, et donc du patrimoine culturel et humain de leur organisation. Mais elles doivent aussi trouver les ressources nouvelles qui risquent de manquer, comme nous allons le voir. Pour faire face à ces difficultés de recrutement annoncées, les directions des ressources humaines vont devoir, ni plus ni moins, mettre en œuvre des règles nouvelles et utiliser toutes les techniques du marketing dans son acception la plus noble envers ceux que certains appellent, néologisme peu élégant, des « cliemployés ». Cette approche marketing doit donc être avant tout mise en œuvre pour connaître, mieux traiter, reconnaître les collaborateurs d'une entreprise, comme elle l'a fait de façon de plus en plus systématique pour ses clients. C'est en réalité une véritable démarche de progrès dans la mesure où elle considère le collaborateur en tant qu'individu à part entière.

À la recherche d'un sens perdu et d'une relation nouvelle

De la défensive, les entreprises avec leur directeur des ressources humaines doivent passer à l'offensive. C'est-à-dire se convertir à la différenciation, à la segmentation. Elles doivent renoncer à reproduire les mêmes schémas pour réinventer en permanence les relations entre leurs collaborateurs, leurs partenaires, comme elles le font déjà avec leurs clients et leurs actionnaires. Elles inscrivent leurs actions dans la durée en allant puiser dans leur histoire, leurs mythes fondateurs, pour retrouver et réaffirmer leurs valeurs vraies qui leur permettront de mieux affronter l'avenir en assumant une identité forte partagée avec tous leurs publics. Pour combattre le désenchantement qui a envahi le monde du travail et les relations des uns et des autres avec celui de l'entreprise, il leur faut également ni plus ni moins réintroduire des notions de sécurité, de solidarité et d'éthique, et les décliner à tous les niveaux de l'entreprise, pour redonner aux individus la confiance sans laquelle il n'est pas possible de progresser dans une relation qui sera désormais exigée comme devant être gagnant/gagnant.

Car par-delà la variation des courbes statistiques et du cours des actions, c'est la performance et donc la motivation de tous les collaborateurs de l'entreprise qui lui permet de s'inscrire durablement dans une logique de profit sans laquelle elle n'a pas de raison d'être. Plus que de conciliation, c'est un travail de réconciliation auquel les entreprises et leurs DRH doivent convier leurs collaborateurs, actuels et futurs.

Le marketing RH : une approche simple, un enjeu stratégique

Un objectif ambitieux, mais essentiel, de positionnement culturel, identitaire, comportemental, nécessite une approche stratégique, autrement dit sa prise en charge par les directions générales des entreprises. Si la maîtrise d'œuvre de ce grand chantier est naturellement confiée à la direction des ressources humaines, dont l'action devient éminemment transversale, le maître d'ouvrage qui en assure la légitimité est bien la direction générale, de façon à ce que les actions décidées en commun soient appropriées et relayées par l'ensemble du management.

Rien de nouveau dans le discours, diront les plus avertis ou les plus blasés ! Mais, justement, le discours, cette fois, va devoir être traduit en actes, car la réalité est là : situation démographique, attitudes face au travail, évolution des styles de vie, dévalorisation de filières vitales dans l'équilibre socio-économique, le cocktail est explosif. Du jour au lendemain, les entreprises, petites et grandes, doivent passer à un monde où la rareté de main-d'œuvre qualifiée tendra à devenir la nouvelle norme, sans que le chômage diminue. Ce n'est pas là le moindre des paradoxes.

Malgré un taux de chômage élevé, les entreprises éprouvent toujours des difficultés à recruter, et plusieurs études montrent que les raisons en sont multiples : pénurie de main-d'œuvre qualifiée, décalage entre profils des candidats et critères des entreprises, mauvaise image du métier, du secteur, ou des conditions de travail, nouveaux comportements de certains candidats qui aspirent à créer leur propre société, nouvelles relations à la hiérarchie, à l'organisation, aux méthodes, au plaisir du travail…

Dans un article de *Libération*, datant de quelque temps mais toujours pertinent (6 septembre 2012), intitulé « Moi, boucher, je jette un os dans la mare de l'emploi », Hugo Desnoyer, ce commerçant, écrit « qu'un de ses meilleurs confrères, boucher dans une grande surface parisienne, a mis sur sa vitrine [...] un panneau où il proposait un emploi, sans qualification préalable, et assurait une formation complète et rémunérée. Devant cette vitrine, il y a énormément de passage. Il n'a reçu, en deux ans, aucune demande. Or, cette banlieue parisienne est une des plus touchées par le chômage de masse. » Certes, l'annonce de cet artisan aurait mérité une place plus marketing RH mais tout de même. Le boucher journaliste continue en écrivant qu'« il y a 4 000 ouvriers bouchers manquants. Et dans les autres métiers de bouche (charcutier, boulanger, pâtissier, cuisinier...), c'est par dizaines de milliers que des emplois restent vacants. Des milliers de plombiers sont aussi introuvables... Quand au bâtiment, les Français y sont rarissimes, même quand ils sont honorablement payés, le recrutement patine. Question d'image ? Comment expliquer cette situation aberrante sur le plan de l'emploi, de l'avenir de certaines professions, et, surtout, de l'avenir de nos enfants ? »

Des entreprises ont pris la mesure du changement en cours et travaillent à la mise en place effective de projets de marketing des ressources humaines. Ainsi, de plus en plus d'entreprises ont créé une direction du marketing RH ou un poste de Responsable de la marque employeur, voire de la e-réputation. Le premier a été le Groupe Accor, et il a été suivi par Areva, EDF, Accenture, Société Générale, BNP Paribas, Crédit Agricole, Disneyland, Orange, Groupe L'Oréal, le cabinet Deloitte Carrefour, Michelin, et même l'armée de terre...

À l'inverse, d'autres entreprises n'ont aucune conscience des difficultés qui les attendent encore, d'autres enfin les entraperçoivent mais n'ont mis aucun dispositif en place.

Pourtant, les données sont claires. Dans un article intitulé « Des dizaines de milliers d'offres d'emploi ne trouvent pas preneur » paru dans le magazine *Capital*, Bruno Declairieux écrivait voilà quelque temps (mais on pourrait l'écrire encore aujourd'hui) : « Triste constat. D'un côté, la barre des trois millions de chômeurs est dépassée. De l'autre Pôle Emploi révèle qu'en moyenne 8 à 10 % des offres publiées par les entreprises ne trouvent pas preneur. Cela représente entre 250 000 et 300 000 jobs en permanence perdus pour la cause... C'est le cas par exemple dans les métiers de bouche ou encore dans l'hôtellerie et la restauration... On manque cruellement de soudeurs, de tourneurs fraiseurs ou de chaudronniers. Mais les pénuries de personnel qualifié touchent aussi d'autres domaines, comme l'informatique, l'ingénierie, la comptabilité ou le contrôle de gestion. »

Dans un article intitulé « Pénurie de main-d'œuvre dans l'industrie : un mystère français », paru dans le journal *Les Échos* le 10 février 2016, la journaliste Sabine Delanglade écrit : « Certains profils sont de plus en plus difficiles à trouver... L'emploi industriel n'attire pas, c'est dommage, c'est lui qui fait la valeur ajoutée d'un pays. Près d'un tiers des entreprises est concerné par les difficultés de recrutement, estime le Medef... La pente sera dure à remonter pour l'industrie, ne ratons pas le Web. Il faut des "scrum master", des "data scientists" des "feel good managers", etc. »

Chaque entreprise, quels que soient son secteur d'activité et même sa taille, doit s'interroger sur son image, ses conditions de travail, l'intérêt suscité par les jobs proposés et évidemment sur les nouveaux métiers qui émergent et dont elle aura besoin prochainement, même si c'est difficile pour certains secteurs. Cette entreprise va devoir également créer, à sa mesure, les conditions de son attractivité, réfléchir à sa problématique de ressources humaines en termes marketing, en segmentant par exemple les profils recherchés. Un marketing orienté client. Client ? L'employé devient client ? Que ceux qui doutent encore se souviennent de ce qu'il est advenu des entreprises qui, une fois entrées sur un marché de concurrence, n'avaient toujours pas mis le client au cœur de leur organisation. Les clients sont allés voir ailleurs, à commencer par les meilleurs. C'est exactement ce qui se produira pour les entreprises qui persisteront à considérer leurs employés comme des individus auxquels on « offre » un travail, un salaire, le cas échéant une formation, sans se soucier outre mesure de leurs attentes, de leurs ambitions personnelles, de ce qui les motive en général dans la vie. C'est en cela que le marketing RH, loin d'être une approche cosmétique et superficielle de la relation sociale au sein des entreprises, a bien l'ambition de replacer leurs collaborateurs au sein de leur dispositif, en leur apportant une considération non pas feinte mais réelle, en prenant en compte leurs attentes dans une perspective de progrès partagé, en mettant en œuvre cette fameuse relation gagnant/gagnant, et non plus seulement donnant/donnant, trop longtemps restée lettre morte par manque d'imagination et de volonté réciproque. C'est une nouvelle guerre des talents qui est déclarée.

Exemple

En parlant de guerre, on peut dire que l'armée française, actuellement, n'a plus tellement de problèmes de recrutement. La raison : sans doute l'existence d'un marketing RH efficace, mais également l'arrivée de nombreux candidats qui choisissent assez souvent de s'engager parce qu'ils ne trouvent pas de jobs dans d'autres secteurs ou parce qu'ils ne sont pas attirés par ces secteurs. La difficulté pour l'institution militaire réside plus dans la fidélisation de ses soldats au-delà de 6 ans. Et ce, à cause vraisemblablement des risques mais également pour des raisons liées au système de vie militaire – la promiscuité, la liberté relative et l'équilibre vie personnelle-vie professionnelle qui en prend pour son « grade » notamment.

Au-delà des questions d'image à travailler en permanence – « Engagez-vous, qu'ils disaient » – et des outils de recrutement déployés, nombreux et remarquables, cette institution doit sans doute élargir son offre RH et développer des axes empruntés aux entreprises comme la fidélisation liée peut-être à la gestion des carrières, la mobilité, la reconnaissance qui donneront plus de perspectives à une politique de ressources humaines « moins uniforme ».

Définition du marketing RH

Cette approche de la relation salarié/entreprise consiste à considérer les collaborateurs, présents ou potentiels, comme des clients, au sens le plus noble. Il s'agit d'appliquer la logique et les techniques du marketing et de la communication pour :

– attirer des candidats, les recruter et bien les intégrer ;

– fidéliser des collaborateurs impliqués.

Et au final, grâce notamment à des innovations sociales, des innovations d'organisation, développer une relation durable et de plus en plus individualisée avec les collaborateurs, faire de l'entreprise un employeur attractif et de son nom une véritable marque, associée à de vraies valeurs, ce que les Américains appellent *employer branding*.

Anticiper les changements et les ruptures pour rester dans la compétition

Pour celles et ceux qui douteraient encore de l'urgence ou de l'intérêt même d'une telle démarche, rappelons plus en détail les éléments du cocktail explosif décrit plus haut.

■ L'enjeu démographique

Les départs massifs à la retraite des classes d'âge nées dans les années cinquante, dans une mesure plus ou moins grande, créent un vide qui ne pourra être mécaniquement comblé ni par l'embauche de chômeurs, ni par les gains de productivité dans les différents secteurs d'activités, ni même, sans doute, par le recours à l'immigration.

Dès lors, il serait illusoire de résoudre ce déficit en révisant seulement à la baisse les requis professionnels. Baisser le niveau d'exigence pour une entreprise au niveau de l'embauche, c'est alourdir ses processus d'apprentissage et prendre le risque de peiner à maintenir un niveau de qualité permanent. Quant aux gains de productivité, même s'ils existent, ils ont déjà été très importants pour assurer la compétitivité face à la concurrence.

Des métiers nouveaux

La rapidité des changements, comme la vague d'ubérisation qui déferle, nous incline à penser que les nouveaux métiers qu'ils génèrent sont difficiles à prévoir puisque, pour un certain nombre d'entre eux, ils n'existent pas encore. Il devient complexe d'anticiper mais il convient pourtant de réagir le plus rapidement possible aux nouvelles technologies en accentuant la formation permanente, en observant les politiques RH de la concurrence, en mettant en place des veilles technologiques et en préparant les collaborateurs à évoluer, voire à changer de métier dans l'entreprise.

Un marché européen de plus en plus concurrentiel

L'ouverture du marché européen et l'homogénéisation des diplômes au niveau international amplifient la concurrence entre les entreprises sur le marché de l'emploi. Il n'est pas rare sur un marché de l'emploi comme celui de l'Angleterre que les candidats à un poste pour des jeunes diplômés viennent évidemment de toute l'Europe mais, très souvent, également d'Asie.

Tous les mois, des dizaines de chefs d'entreprise allemands vont en Espagne, dans les salons Emploi, pour recruter des ingénieurs du pays qui ne trouvent plus de travail chez eux. Le contact, l'accueil puis l'intégration de ces potentiels ou nouveaux salariés sont particulièrement étudiés et soignés, compte tenu de la rareté de ces profils. À noter en plus que 34 % des entreprises allemandes comptent embaucher des réfugiés en 2016, contre 7 % en 2015.

À l'intérieur même de la France, les régions rivalisent en termes d'attractivité. Les institutions publiques peaufinent leurs offres RH pour attirer dans des régions qui se désertifient. Ainsi la région Auvergne offre le gîte, pendant leur période d'essai, aux personnes qui prennent un travail chez un employeur local.

Dans le journal *Le Figaro* du 24 février 2016, dans un article de Cécile Crouzel, on apprend que certains employeurs vont jusqu'à employer des travailleurs détachés non déclarés : « La France accueillerait quelque

300 000 travailleurs détachés, dont environ 80 000 ne seraient pas déclarés, d'après le ministère du Travail. Salaires inférieurs au SMIC – alors que, selon les règles européennes, le travailleur étranger détaché doit percevoir le salaire du pays d'accueil, les charges sociales étant celles du pays d'origine – horaires à rallonge, logements indécents : les dérapages sont nombreux. »

■ La fin des repères traditionnels

Conséquence de l'évolution démographique en France rapportée aux transformations économiques et sociales dans le monde du travail, les catégories d'actifs au sein d'une même organisation sont de moins en moins homogènes. Ainsi les notions de « classes », qui ont longtemps servi de repère en matière d'économie sociale, tendent à évoluer. L'adaptation dans l'entreprise de ce schéma très français, sous forme de différentes catégories de personnel, ouvrier, technicien, employé, assimilé cadre, cadre, cadre supérieur semble avoir atteint ses limites, notamment dans le secteur aujourd'hui dominant des services où les organisations se recentrent autour de leurs clients, le rôle de la hiérarchie changeant complètement de nature, l'entreprise ayant besoin de s'adapter en permanence aux évolutions de son marché.

■ L'opportunité du *papy boom*

Le problème de l'allongement du temps de travail pour équilibrer le financement des retraites en cache un autre, bien réel lui aussi, sur le management des seniors au sein des entreprises. Tout naturellement, ceux-ci doivent faire l'objet d'une attention renouvelée, car les nouveaux venus doivent être formés pour atteindre le niveau de performance des anciens. Alors que dans les années quatre-vingt-dix, des entreprises considéraient qu'il était plus rentable d'embaucher de « jeunes talents » que de continuer à investir dans la formation de seniors, poussés vers la porte de sortie, la donne devrait complètement changer. La question se pose non seulement de savoir comment remotiver les quinquas pour les inscrire dans une nouvelle dynamique mais aussi de les faire coexister harmonieusement avec les autres classes d'âge à l'intérieur de l'organisation. En outre, la façon dont l'entreprise trouvera des solutions intelligentes, professionnelles pour « relancer » la carrière de ces *papys boomers* aura une influence sur la perception des générations suivantes quant à leur évolution propre.

La création de valeur pour les entreprises se fera également en associant toutes les tranches d'âge et les entreprises doivent modifier le regard qu'elles portent sur les seniors. C'est un des changements fondamentaux en train de se produire en raison de la nouvelle donne démographique.

Non seulement l'entreprise va devoir mettre en œuvre une véritable politique ressources humaines pour ces seniors mais elle sera sans doute amenée à en recruter.

D'ailleurs, certains seniors souhaitent rester dans la vie professionnelle pour éviter une forme de pauvreté liée à des retraites faibles et être plus heureux aussi socialement dans une vie dont la durée s'allonge.

Nombre de talents déjà en retraite seraient prêts à remettre l'ouvrage sur le métier ou leur métier à l'ouvrage dans les entreprises. Là encore, les DRH doivent faire montre d'imagination pour employer ces seniors, même sous forme de temps partiels ou de consultations ponctuelles par exemple. Cela permettrait sans doute de répondre à des problématiques de GPEC – gestion prévisionnelle des emplois et des compétences – qui ont été quelquefois approximatives.

N'est-ce pas une compagnie ferroviaire qui doit fermer certaines lignes par manque de conducteurs de trains ?

■ L'entreprise *melting pot*

L'entreprise doit fédérer des individus d'âges, de sexes et d'origines culturelles de plus en plus divers, sans plus pouvoir leur imposer les schémas devenus inadaptés de la hiérarchie, du statut, de la progression linéaire de carrière. Pour y parvenir, il lui faudra définir de vrais projets et non plus se contenter de proposer une fonction assortie d'un salaire et de quelques avantages connexes. Ce défi est riche d'opportunités pour les organisations qui sauront le relever mais nécessite un changement dans la façon d'aborder la gestion des ressources humaines. On a noté ici et là les effets contre-productifs de la mise à la retraite d'office de classes entières de quinquagénaires, et pourtant cette pratique continue d'exister dans des entreprises qui, sous l'effet de la pression économique ou non, ont une vision à court terme de leurs ressources humaines. Déjà, certaines entreprises qui ont licencié leurs cadres en période difficile se retrouvent fort dépourvues pour faire progresser les nombreux et jeunes collaborateurs qu'elles devront embaucher ou qu'elles embauchent face à la reprise de leur activité. Dès lors, n'est-il pas nécessaire de développer de nouvelles pratiques encore relativement marginales, comme le tutorat, et d'accroître l'apprentissage ?

Cette forme de tutorat qui consiste, de la part d'un « aîné », à transmettre à un « novice » ses savoirs et savoir-faire, présente un double avantage : d'une part donner une base didactique à la coexistence entre plusieurs générations – il en existe quatre dans certaines entreprises – au sein de l'organisation, donc en valoriser l'intérêt et, d'autre part, « *requinquer les quinquas* », pour reprendre une expression chère au professeur Jean-Marie Peretti. En effet, non seulement ceux-ci voient leurs compétences reconnues – alors que certains d'entre eux commençaient peut-être à douter – mais ils en développent d'autres, pédagogiques notamment, et bénéficient en outre de l'œil neuf, sinon du regard critique, du jeune impétrant pour progresser à leur tour plutôt que de s'installer dans des certitudes. C'est bien au final l'entreprise qui bénéficie de cet échange croisé, en capitalisant sur les cultures générationnelles et non en les opposant.

Paradoxe apparent, la réserve de personnel d'avenir pourrait être celle des « 50/60 ans », génération dont la retraite semble plus lointaine et moins intéressante financièrement.

Dans un article du *Monde* d'il y a quelques années, signé Blandine Milcent, on pouvait lire qu'« en Allemagne, BMW a aménagé les postes pour conserver ses ouvriers âgés. Ce programme est parti d'un constat : dans un pays à la démographie vieillissante, les entreprises doivent veiller à garder leurs employés en forme jusqu'à la retraite. On a fourni aux salariés des chaussures orthopédiques, on leur a aménagé une salle de repos et installé des espaliers dans l'atelier. Le sol (du parquet sur une couche de liège) permet de ménager les articulations de leurs genoux. Les machines et les outils, neufs, ont été étudiés par des ergonomes et les travailleurs eux-mêmes pour les rendre plus faciles d'emploi. Enfin, la pénibilité physique de chaque poste a été évaluée et un système de rotation permet au salarié d'alterner, au cours d'une même journée, les tâches qui vont fatiguer ses bras, son dos ou ses épaules. Aujourd'hui, BMW a étendu l'expérience à de nombreux sites, en Allemagne et à l'étranger, tous âges confondus. »

D'autres entreprises organisent des « départs en pente douce ». C'est le cas de BNP-Paribas qui a mis en place un dispositif de temps partiel qui permettrait de travailler quatre jours sur cinq avec maintien du salaire à 90 % pendant les 12 à 24 mois précédant la retraite.

L'expérience professionnelle des seniors constitue une valeur que les DRH peuvent utiliser dans de nombreuses actions. Dans un article intitulé « Les seniors recruteurs au Club Med », signé Caroline Fornieles, du magazine *Entreprise et Carrières*, on apprenait qu'« un accord [...] avait prévu d'expérimenter un nouveau dispositif pour les plus de 50 ans. Ils auraient du temps libéré pour participer aux missions de recrutement des saisonniers. [...] L'expérience s'est avérée concluante pour l'entreprise et pour les 16 seniors qui y ont participé. Pour parfaire leur formation, ils ont d'abord exercé en binôme avec un recruteur professionnel du Club Med. Depuis 2012, ils sont plus autonomes, exerçant par équipe de deux seniors. » Dans ce même article, David Rohmer, directeur des affaires sociales, précise : « Nos seniors ont été baptisés découvreurs de talents. Ils ont naturellement les aptitudes pour repérer les bons candidats parce qu'ils savent exactement ce que l'on attend en termes de savoir-être pour un

GO. Ils ont aussi les compétences pour évaluer un certain niveau de savoir-faire parce qu'ils ont exercé plusieurs métiers dans les villages et tenu des responsabilités. »

À noter également que de plus en plus de Nord-Américains travaillent après leur retraite et leurs managers considèrent qu'ils font preuve de loyauté et ont une excellente expérience.

En France, rappelons que les DRH doivent étudier de près toutes les nouvelles aides de l'État pour l'embauche de ces seniors.

■ Recréer de la valeur

En tout état de cause l'entreprise devra prendre en compte les aspirations de chacun pour fédérer ses collaborateurs autour d'un système de valeurs dans lequel tous pourront se reconnaître. Cela poussera celles qui ne l'ont pas déjà fait à se poser la question de leurs propres valeurs sans se voir imposer toutes celles qui fleurissent ici et là et semblent relever de la pensée unique. On voit d'emblée que cette question, hier encore considérée comme relativement secondaire, ou traitée de façon très superficielle par une communication de circonstance, est aujourd'hui devenue centrale pour toutes les entreprises, quels que soient leur taille ou leur secteur d'activité. Pour parvenir à donner une substance et une réalité à ce projet, il conviendra, dès la phase de recrutement, de beaucoup mieux prendre en compte les aspirations véritables et les compétences non seulement professionnelles mais aussi personnelles des candidats, en cherchant d'emblée à identifier la façon dont elles correspondent aux objectifs contenus dans la mission mais aussi, et par-delà, aux objectifs à plus long terme de l'entreprise.

Si aujourd'hui certaines entreprises tiennent déjà ce discours aux candidats pour les conquérir, et à certains de leurs collaborateurs pour les motiver et les garder, peu d'entre elles se sont encore donné les moyens de mener à bien ce chantier d'ingénierie des ressources humaines, faute d'utiliser les bons outils. Ceux du marketing RH, ni plus ni moins.

Management intergénérationnel

La diversité des générations, qui n'ont pas les mêmes références, les mêmes motivations, les mêmes ambitions ni les mêmes rythmes, constitue un défi nouveau pour l'entreprise. Il est indispensable de mieux connaître les grandes spécificités de chaque segment ou tranche d'âge des personnes qui travaillent dans l'entreprise. Par exemple, arriver avec 10 minutes de retard à un rendez-vous ou à son poste, est considéré comme « être à l'heure » par certains jeunes d'une tranche d'âge. Le responsable hiérarchique, lui, ne sera pas « forcément » du même avis.

À partir de l'étude d'un sociologue et d'enquêtes menées auprès des managers, la DRH d'une grande chaîne hôtelière internationale avait mis en œuvre un programme de sensibilisation au management intergénérationnel. Objectif : faire vivre et bien travailler ensemble plusieurs générations et tirer le meilleur parti de la diversité des comportements et des différences de chacun. Un abécédaire des bonnes pratiques a même été distribué à chaque manager.

■ Le travail, une valeur parmi d'autres

Ce marketing ne reposera plus sur l'analyse de la valeur mais sur celle des valeurs. Jusque vers la fin du xxe siècle, la valeur la mieux partagée dans la société était celle du travail, principal repère pour les générations. Il était donc naturel que les entreprises soient en quelque sorte dépositaires de cette valeur, d'autant que sphère professionnelle et sphère privée étaient généralement étanches, dans le temps et dans l'espace. De ce fait, elles pouvaient organiser leur développement en « proposant du travail » selon un système d'offre relativement normé : conditions de travail, salaire, primes, congés...

Aujourd'hui, la valeur travail a perdu sa place centrale, notamment pour les jeunes générations qui ne souhaitent plus « se sacrifier », « ne veulent pas perdre leur vie à la gagner » comme elles l'ont trop souvent vu faire par leurs parents, sans avoir la garantie de ne pas se retrouver dans la même situation de précarité, parvenues à un certain âge. La précarité qui était l'exception est trop souvent devenue la règle pour la plupart des activités professionnelles et l'entreprise, dont la raison d'être n'est certes pas de garantir des emplois mais d'en procurer, devra sans doute aller plus loin pour leur donner les moyens de leur employabilité – en leur permettant d'acquérir les compétences nécessaires aux nouvelles demandes du marché.

C'est une responsabilité collective des entreprises que de développer ces capacités chez tous les individus, ne serait-ce que par souci de cohérence par rapport à la notion de flexibilité aujourd'hui, plus nécessaire que jamais. Il y a aussi l'idée générale que travail ne peut plus être synonyme d'épanouissement, quand tant d'autres champs sont présentés comme plus faciles à investiguer comme source de réalisation personnelle. Dans ce domaine, le « staracadémisme » ou autres pseudo-écoles de pseudo-stars ne sont pas la moindre des maladies qui menacent les jeunes générations nourries de « télé réalité », où devenir un « people » est présenté comme une finalité, qui plus est théoriquement à la portée de tous. Le plus souvent, cette représentation est évidemment illusoire mais elle participe à la démobilisation générale que l'on observe actuellement.

■ Filières en péril

Dans ce contexte de démobilisation, certains métiers plus que d'autres ont perdu de leur attractivité parce qu'ils sont réputés pénibles, dangereux ou mal rémunérés. Le plus souvent, ces métiers souffrent d'une mauvaise image et pourtant, ils ont connu une profonde mutation qui n'a pas toujours été bien expliquée au public. Paradoxalement, beaucoup de ces métiers offrent davantage de potentialités à celles et ceux qui les embrasseront que d'autres, présentés comme plus sûrs ou plus faciles. Il revient aux entreprises et aux fédérations d'employeurs de renforcer leur action de marketing RH sur l'ensemble de ces métiers, comme certaines ont déjà commencé à le faire. En France, le secteur des cafés, hôtels, restaurants et discothèques (CHRD) représente 180 000 établissements. Ce secteur dynamique est à la recherche de dizaines de milliers de collaborateurs qui correspondent à des offres d'emploi non pourvues. Une campagne de communication baptisée

« Des métiers, un avenir » avait été organisée à travers toute la France. Deux bus, vitrines du secteur, avaient sillonné les régions pour montrer aux étudiants, aux parents d'élèves, aux demandeurs d'emploi, les perspectives de carrière dans ce secteur. Lors de ces tours de France, le CHRD avait également proposé aux collèges de participer à un concours qui pouvait parfaitement s'intégrer dans le cadre des options « découverte professionnelle en classe de troisième ». Ce grand programme de marketing RH a offert un double intérêt : amélioration de l'attractivité du secteur et valorisation des métiers ainsi qu'une action positive sur l'orientation professionnelle des élèves de collèges.

Sans ce type d'actions de présentation et de valorisation des métiers, ce sont des filières entières qui, aujourd'hui déjà touchées, risquent demain d'être complètement sinistrées, avec des conséquences très graves sur les équilibres économiques et sociaux, tant au plan local que régional, national et européen.

Plus que jamais, les acteurs économiques et sociaux vont devoir essayer de mieux faire coïncider l'offre et la demande, dont paradoxalement le décalage s'accentue en raison de la vision réductrice que les jeunes ont du monde des entreprises, alors que par ailleurs, l'utilisation bien pensée de méthodes marketing peut justement corriger cette vision, auprès d'une population particulièrement sensible à tout ce qui touche à l'image et à la communication.

Sur le site Internet Jobintree, on peut lire chaque trimestre le « Baromètre des métiers dont personne ne veut » et Aurélya nous présente « L'étude des métiers qui peinent à recruter, réalisée à partir de l'analyse de 120 000 offres d'emploi et de 800 000 actes de candidatures effectués sur Jobintree.com. »

Il est clair que les « lauréats » de ce classement devraient réfléchir rapidement à la mise en œuvre d'un plan de marketing RH pour obtenir une meilleure attractivité de ces métiers délaissés, très souvent par méconnaissance.

Créer la fonction marketing RH : quelle organisation ?

Au sein de la DRH, la direction du marketing RH se voit confier une mission spécifique pour faire face aux enjeux de la nouvelle relation salariés/entreprise. Elle intervient auprès de l'ensemble des unités de l'entreprise, – au plan national et international pour les grandes entreprises – pour, une fois défini l'ensemble du plan marketing RH et de la stratégie employeur, les aider à construire les outils nécessaires à leur mise en place, apporter un soutien logistique et d'expertise permanent pour sa mise en œuvre auprès des publics internes et externes, veiller à la cohérence des actions à travers, notamment leur coordination.

Cette direction participe également à l'élaboration des différents indicateurs quantitatifs et qualitatifs nécessaires à la mesure de l'efficacité de la politique de ressources humaines de l'entreprise – en recueillant par exemple l'ensemble des données déjà disponibles –, de façon à orienter les nouvelles actions.

Elle est en charge du développement et du suivi des relations avec les partenaires externes de l'entreprise susceptibles d'intervenir dans le processus de formation, de recrutement, de fidélisation et d'évolution des collaborateurs, actuels ou futurs. Son objectif, là encore, est d'assurer la cohérence des messages et des actions, d'avoir la vision la plus précise et globale possible des relations entretenues avec chacun.

La personne ou l'équipe en charge du marketing RH travaille en étroite liaison avec la direction de la communication – lorsqu'elle existe – pour respecter le positionnement de la marque et de l'image de l'entreprise dans la déclinaison des actions RH, articuler actions de communication générale et celles, plus spécifiques, de communication RH – internes et externes – dans un plan d'ensemble. Bien sûr, la personne en charge du marketing RH devra également travailler avec l'équipe informatique, partenaire indispensable avec l'explosion du Web 2.0 et des réseaux sociaux que l'on évoquera largement dans cet ouvrage.

La création et l'organisation de cette mission s'opèrent de différentes façons selon la taille de l'entreprise. Elle peut être érigée en véritable département au sein de la direction des ressources humaines ou alors être intégrée par chaque manager en charge du recrutement ou du management. Dans une entreprise plus modeste, voire une PME, cette mission est directement du ressort de l'équipe dirigeante.

Le marketing RH, pour transformer les risques en opportunités

Récapitulons

Les entreprises, privées et publiques, font face, pour les nombreuses raisons évoquées précédemment, à une pénurie croissante de personnel qualifié.

Tandis que les anciennes générations doivent être remotivées face au travail et à l'entreprise, les nouvelles les considèrent moins que jamais comme une finalité.

Les valeurs individualistes (plaisir, loisirs, temps libre...) dominent dans une société en panne de repères.

Nombre de métiers traditionnels ont une mauvaise image et sont délaissés par les jeunes générations, alors que leur existence, qui structure fortement le tissu économique et social, est indispensable.

Cette convergence de facteurs met la société et les entreprises face à un défi inédit. La mise en œuvre du marketing RH est une des réponses à ce défi dans la mesure où elle place les RH dans une perspective stratégique à long terme, elle oblige à repenser l'image d'entreprises employeurs en fonction des valeurs à partager avec des collaborateurs considérés comme leurs premiers clients. En revisitant le monde de l'entreprise à partir de ce point de vue de « l'employé-client », le marketing RH est toujours porteur d'innovation sociale, apportant une réponse différente aux questions que chacun se pose et dans un contexte où l'entreprise devra trouver les moyens de se différencier des autres pour être plus attractive.

Qui plus est, le développement de ce système de relation durable et mutuellement profitable avec chacun de ses salariés va permettre aux entreprises de disposer d'un avantage concurrentiel déterminant dans un environnement toujours plus ouvert. Aussi la direction des ressources humaines devient-elle visiblement un acteur majeur de la meilleure performance de l'entreprise dans la durée et va, à travers la mise en œuvre du marketing RH, se doter d'indicateurs de performance permettant de mesurer objectivement sa contribution à l'atteinte des objectifs stratégiques de sa direction générale. De fait, le marketing RH participe à la valorisation

– dans tous les sens du terme – de la mission des équipes RH qui, de la fonction de gestionnaires de flux, passent au rôle d'animateurs de relations individualisées, qui d'un fonctionnement en centre de coût, vont s'inscrire progressivement dans une logique de centre de création de valeur.

Comment mettre en pratique cette approche déterminante, alors que la conjonction de phénomènes que nous avons rapidement décrits nous pousse à l'action, sauf à prendre le risque de réagir… trop tard ?

C'est d'abord la définition d'une stratégie d'employeur, à partir de l'analyse approfondie de l'ensemble des éléments caractéristiques de l'entreprise et de son environnement. Cet état des lieux doit aboutir au positionnement marketing RH, c'est-à-dire son positionnement en tant qu'entreprise, mais également en tant qu'employeur. Vient ensuite la mise en œuvre du plan d'action à plusieurs termes, en tenant compte de la spécificité des publics visés et des priorités dans le temps. C'est alors et enfin la déclinaison cohérente de ce plan en fonction des phases successives de conquête et de fidélisation avec une transposition des techniques du marketing et la capacité de revisiter ce que l'entreprise fait ou veut faire avec un œil d'employeur attractif et d'un employé client.

On l'a compris, il s'agit là d'un nouvel enjeu pour les responsables ressources humaines qui vont ainsi prendre une valeur contributive en participant effectivement à la création de valeur de l'entreprise, et donc changer d'image et de rôle dans leurs organisations. Employeurs de femmes et d'hommes, avec lesquels le DRH doit dialoguer. Partenaires sociaux avec lesquels il doit créer la confiance et être un acteur de la stabilité sociale dans des contextes parfois chaotiques. Ce DRH doit, également, à l'interne (collaborateurs) et à l'externe (candidats) donner du sens au modèle de l'entreprise et surtout faire comprendre comment l'employeur va parvenir à mettre en œuvre une stratégie bien expliquée. C'est ainsi, en étant les garants d'un pacte social, que les DRH, directeurs de ressources, des relations, des réussites humaines vont retrouver leur place dans les comités de direction.

Enfin, à plus long terme, c'est un enjeu en termes de notation sociale des entreprises puisque la qualité de leur statut d'employeur, évalué selon un certain nombre de critères par les agences spécialisées, participera à leur bilan.

Chapitre 1

Définir une stratégie d'*employer appeal*

Executive summary

- **Mesurer** l'attractivité employeur de l'entreprise.
- **Rechercher** l'identité de l'entreprise et ses composantes différenciantes.
- **Affirmer** le positionnement RH de l'entreprise.

L'attractivité de l'entreprise – ou sous une dénomination plus plaisante son *employer appeal* – devient le nerf de la guerre, tant en direction de ses publics internes qu'externes. L'*employer appeal*, serait-on tenté d'affirmer, cela se mérite, cela demande à l'entreprise un travail d'analyse sur elle-même, pratiquement d'introspection, une démarche qui, d'emblée, avant même de se traduire par des actions concrètes, va répondre à la devise socratique « Connais-toi, toi-même » comme prélude à la conquête de son marché d'employeur. C'est en effet une véritable stratégie qu'il convient de construire, qui va se fonder sur l'ensemble des éléments objectifs constituant la spécificité de l'entreprise, son identité, mais aussi dans une certaine mesure sur sa dimension subjective, l'idéal vers lequel elle veut tendre. Le mix de ces différentes composantes va permettre de définir les lignes de force d'attractivité autour desquelles l'entreprise déclinera sa stratégie d'*employer appeal*, en ne comptant plus seulement sur une notoriété, fut-elle forte.

Le magazine *Capital*, dans son numéro de février 2016, a réalisé en partenariat avec l'institut d'études Statista le « Top 40 des employeurs les mieux notés par les salariés français ».

20 000 salariés ont été interrogés en ligne, de façon anonyme, sur leurs conditions de travail ; 500 entreprises ont été retenues dans le classement et 40 figurent au palmarès toutes catégories.

Dans ce dossier de *Capital* signé Bruno Declairieux, on apprend « qu'une marque employeur, comme on dit en ressources humaines, se construit sur la durée ». L'auteur souligne aussi que « des entreprises de tailles parfois plus modestes parviennent à attirer les cadres grâce à une politique RH inventive ».

À noter que, parmi les 40 élus, le tiercé gagnant est composé d'Airbus, de L'Oréal et de Google France.

Même si ces entreprises ont une très forte notoriété, on observe qu'elles doivent tout de même, avant tout, offrir des avantages tangibles qui composent leur offre employeur, pour attirer et fidéliser des talents.

Être attractif

Créer son « image-employeur »...

Dans nos sociétés hyper-communicantes et sur-médiatisées, la notoriété demeure quelque chose de très relatif et de fragile. Les marques connues du grand public sont finalement relativement peu nombreuses. Même la publicité télévisée n'est plus un gage de notoriété, tant les téléspectateurs sont saturés de sollicitations. De plus, cette notoriété peut provenir d'événements positifs tout aussi bien que négatifs. Ce qui est avéré pour une marque grand public, une chaîne de restauration ou un fabricant mondial de chaussures de sport est aussi valable pour l'entreprise locale ou celle spécialisée dans un secteur spécifique dont la réputation se construira au sein d'un microcosme qui est également le vivier dans lequel elle viendra puiser de nouvelles ressources. C'est bien dans ce cercle qu'il lui faut d'abord entretenir sa notoriété et surtout lui donner une facette d'employeur attractif. La seule notoriété ne confère qu'une attractivité employeur très relative.

Pourquoi se soucier de son image-employeur dans le cadre d'une stratégie d'*employer appeal* ? C'est en réalité un élément de différenciation important, quand chacun cherche des repères et, à terme, également une reconnaissance sociale grâce à son activité professionnelle. Cette mesure de notoriété et d'image-employeur permettra de fournir les éléments à mettre en avant. Cela déterminera aussi le niveau des moyens à mettre en œuvre. Il est *a priori* plus valorisant de « décrocher un job » dans une boîte connue et reconnue que d'être embauché dans une société dont on vous fait répéter le nom à chaque fois que vous en parlez. C'est le gage d'une plus grande efficacité dans les campagnes de recrutement et ensuite, nous le verrons, un élément important dans la fidélisation des collaborateurs.

Bien sûr, cette construction d'image-employeur devra être complétée par la construction en parallèle de son corollaire numérique qu'est la e-réputation.

… Et la mesurer

Pour mesurer cette notoriété, il suffit de réaliser une étude, en respectant les règles d'échantillonnage et de représentativité classiques de ce type d'enquête. Il faut aussi et surtout réaliser une étude d'image-employeur, dresser ce que l'on pourrait appeler un constat d'attractivité. Cette image-employeur est aussi fragile, sinon davantage, que la notoriété, d'autant qu'elle fluctue en fonction de critères particulièrement qualitatifs et parfois très conjoncturels :

Exemples

- « Il y a beaucoup de turnover dans cette entreprise. »
- « Ils ont un super CE qui propose des voyages à des prix canons. »
- « On te laisse beaucoup d'autonomie, mais tu peux compter sur ton manager. »
- « Le cadre de travail est rigoureux, mais à six heures il n'y a plus personne dans les bureaux. »
- « Ils t'exploitent jusqu'à la moelle et te jettent. »
- « Tu n'es pas très bien payé mais tu apprends un maximum de choses… »

Qui n'a jamais entendu ce type de réflexions ? Vraies ou fausses, elles influencent le choix des candidats potentiels, sans être nécessairement déterminantes. Mais elles le seront de plus en plus au fur et à mesure que les candidats auront le choix. Car la seule notoriété ne suffit pas pour attirer de nouveaux collaborateurs, chaque entreprise doit désormais créer sa propre image-employeur qui, en tout état de cause, se construit et s'entretient sur le long terme.

Attention, cette image employeur est, certes, fondée sur ce que l'entreprise offre aux candidats et aux salariés mais elle résulte également d'éléments indirects qui peuvent apparaître en contradiction avec cette offre : ce sont par exemple la prise de parole de responsables ou encore des publicités commerciales en décalage avec les messages et la politique de ressources humaines de l'entreprise.

En tout état de cause cette image employeur, une fois « installée », ne sera pas définitivement acquise par l'entreprise. Elle devra être entretenue en permanence à travers notamment tous les canaux de recrutement. Elle sera d'autant plus durable qu'elle deviendra portée par les collaborateurs qui se reconnaîtront dans ce qu'elle représente pour eux, c'est-à-dire, par exemple des avantages, une ambiance, un esprit d'entreprise. En plus de l'attractivité externe, l'image employeur entraînera de l'attractivité interne ou autrement dit de la fidélisation des collaborateurs. L'image employeur s'inscrit donc dans un processus permanent en amont et en aval, et, bien au-delà simplement des recrutements.

L'image-employeur, pour quoi faire ?

Dès lors, la question est bien de connaître son « image-employeur » pour en faire un élément de différenciation ou au contraire de la corriger si elle ne correspond pas à la réalité de l'entreprise. Il est important de bien identifier ses forces et ses points faibles, ne serait-ce que pour les exprimer, voire les expliquer, à celles et ceux que l'on sera amené à recruter, pour les impliquer pleinement dans le développement de ces forces et dans la résolution de ces faiblesses relatives. Si, au contraire, l'entreprise n'a pas ou ne veut pas avoir conscience de ces différents éléments, elle se condamne à se scléroser en développant chez chacun de ses collaborateurs un sentiment de frustration et d'impuissance, au lieu de libérer leur énergie dans une dynamique de challenge. Car le potentiel de séduction, paradoxalement, peut aussi bien provenir des imperfections révélées par l'étude d'image, que des qualités reconnues à cette occasion. L'essentiel est en quelque sorte d'en avoir conscience, de le reconnaître. Il est d'ailleurs intéressant à ce propos de croiser les données recueillies en interne avec celles obtenues auprès de publics externes, d'autant qu'il existe une porosité, voire une interaction de plus en plus importante entre les deux. Il faut garder à l'esprit qu'un collaborateur potentiel peut, à un certain moment, être ou avoir été client ou actionnaire de l'entreprise, qu'un client ou qu'un partenaire de l'entreprise est souvent le premier vecteur d'image de celle-ci. Et souvent ce sont des remarques simples, de bons sens et bien sûr quelquefois certaines perceptions :

- « Leurs collaborateurs sont toujours souriants. »
- « On sent qu'il y a une bonne ambiance. »
- « Les bureaux sont hyper clean. »
- « Ils paient les fournisseurs en retard. »
- « Ils ne sont jamais à l'heure. »
- « Ils répondent au téléphone quand ils ont le temps. »

En réalisant l'étude d'image et d'attractivité, on va prendre conscience d'un ensemble d'éléments, jugés d'habitude sans importance parce que considérés séparément. Mis bout à bout, ils vont permettre d'expliquer un certain nombre d'insatisfactions constatées. On voit déjà là un premier exemple de ce que la mise en œuvre d'une stratégie d'*employer appeal* apporte comme prise de conscience de la perception de l'entreprise.

Le constat d'attractivité de l'entreprise

Objectif : mesurer sa capacité à attirer de nouveaux collaborateurs ou fidéliser des collaborateurs dans l'entreprise en fonction de la perception que différents publics ont de son image-employeur. Les publics à interroger sont très divers :

- les écoles et universités, étudiants et professeurs, en tant que relais et prescripteurs ;
- les collaborateurs des entreprises elles-mêmes, en opérant une segmentation entre les nouveaux arrivants et les « anciens » ;
- l'environnement professionnel des entreprises (clients, fournisseurs, institutionnels partenaires, leaders d'opinion...) ;
- le grand public, segmenté (par âge, région, CSP...).

Cette enquête sera réalisée grâce à un questionnaire portant sur tous les aspects de la gestion des ressources humaines notamment, complété par des entretiens qualitatifs en face à face.

Pour être complet, il conviendra d'intégrer bien évidemment les avis et les opinions qui s'expriment sur les différents réseaux sociaux de manière

• • •

• • • à synthétiser ce qu'on appelle la e-réputation. Attention, cette e-réputation n'est pas inscrite dans le marbre et peut évoluer en mal ou bien, très vite, d'où l'importance de la suivre.

Cette enquête complète donnera lieu à l'établissement d'un baromètre d'attractivité qui permettra à l'entreprise de se positionner : où se situe-t-elle et où veut-elle se positionner ? Il sera alors possible de mesurer l'évolution en fonction des événements intervenus entre deux études. Ainsi, l'efficacité des actions marketing RH engagées pourra être mesurée, auprès des publics cibles notamment, sachant que d'autres indicateurs entreront en ligne de compte (par exemple, le nombre de candidatures spontanées, d'embauches effectives sur la branche, de turnover, etc.).

Les résultats permettront d'orienter ou de réorienter les actions de marketing RH à engager, dans le cadre d'un plan global.

Dans son article « L'image employeur se mondialise » paru dans le magazine *Entreprise et Carrières* d'avril-mai 2012, Cécile Lacourcelle écrit que « l'image employeur n'a jamais été aussi essentielle. Elle influe évidemment sur la fidélisation et le recrutement des talents, mais plus largement sur la notoriété de l'entreprise dans sa sphère d'activité et sur sa crédibilté. » Rappelons que cette image-employeur devra être substantielle et se nourrira d'éléments tangibles que sont les pratiques RH proposées par l'entreprise que nous pouvons appeler l'offre employeur qui fera l'objet d'un développement dans ce livre. Ces « avantages RH », et aussi les valeurs de l'entreprise, sa réputation, l'ensemble des éléments matériels et immatériels permettront ainsi de composer, à terme, la marque employeur et, plus elle sera forte et vivante et plus elle permettra de créer le *leader minding* dans la tête des candidats. Pour les entreprises internationales, cette « marque source » employeur pourra se permettre d'être flexible en s'adaptant aux différents marchés de l'emploi des pays. Cette marque employeur « glocale », c'est-à-dire pensée globalement et appliquer localement, quand elle est connue et reconnue devient le « marqueur » d'un employeur de référence.

Les composantes de la marque employeur et de la promesse RH peuvent être adaptées selon les pays et les cultures. Toutefois elles devront s'inscrire dans une cohérence globale.

Dans son article, Cécile Lacourcelle insiste sur le fait que « l'*employer branding* est devenue un enjeu de gouvernance autant que de ressources humaines. Et il est de taille, surtout lorsqu'il se joue à l'échelle de la planète… Ainsi, l'identité, ou ce que les spécialistes appellent l'ADN de l'entreprise, fournit le fond du message, ceci pour une cohérence d'ensemble. Les filiales l'adaptent dans un second temps aux attentes culturelles locales. »

Ajoutons que les différentes composantes de cette marque employeur peuvent être mises plus ou moins en avant selon les publics ciblés, à l'intérieur d'un même pays.

Parler de ses métiers

■ Un métier peut en cacher un autre

Une deuxième condition importante à la mise en œuvre de cette stratégie est l'identification des métiers exercés au sein de l'entreprise. Mais c'est aussi, d'abord, la définition du métier de l'entreprise. Cette question n'est pas toujours aussi évidente qu'elle y paraît. Or, comment envisager d'attirer des « profils adaptés », si on n'est pas capable de définir le cadre dans lequel ces profils vont s'intégrer et évoluer ? Le métier d'une entreprise peut s'énoncer simplement : « nous fabriquons des voitures » et recouvrir une réalité d'activités très diverses, parmi lesquelles la fabrication proprement dite aura une place relativement marginale par rapport à un ensemble d'autres métiers dits « à forte valeur ajoutée » : bureau d'études, design industriel, service marketing, droit des marques et de la propriété, achats de production et hors production, service commercial, activité de lobbying, direction financière, informatique, communication, relations avec les investisseurs… Ainsi Renault s'est présenté comme « créateur d'automobiles », ce qui n'est peut-être pas qu'un slogan publicitaire mais correspond sans doute à la réalité de son métier. Ce qui est vrai pour Renault l'est également pour les autres entreprises, quel que soit leur secteur d'activité, quelle que soit leur taille. Partout, sous l'influence conjointe des nouvelles technologies et de l'importance prise par la relation client, les métiers changent.

Et puis de nouveaux métiers naissent et quelque fois dans des secteurs inattendus. C'est le cas dans l'hôtellerie avec le métier « revenue manager » ou dans tous les secteurs confondus avec l'arrivée des « e.commerce managers » et « communauty managers » par exemple.

C'est également vrai dans le secteur informatique avec des métiers au titre surprenant comme « analyste KYC », c'est-à-dire « *Know Your Customer* ».

■ Revaloriser les filières

Voilà trois décennies, les professionnels de l'électricité ont tenté une révolution culturelle avec la domotique qui n'a pas forcément tenu toutes ses promesses mais a contribué à revaloriser les métiers de ce secteur. Dans le bâtiment, l'adoption par les grands maîtres d'ouvrage, de normes de sécurité et d'hygiène plus strictes et de process qualité rigoureux a contribué à tirer les métiers du secteur vers le haut, même si les conditions de travail y restent plus difficiles qu'ailleurs, avec des définitions de tâches assez basiques. Mais aujourd'hui un ouvrier du bâtiment jouit sans doute d'une plus grande capacité d'initiative, parce qu'il est davantage formé. Son métier a changé. Ce point mérite d'être souligné car les images d'Épinal persistent. La Fédération du Bâtiment l'a bien compris et a réalisé des campagnes de publicité pour une image plus actuelle.

Image sociale et recrutement

Les difficultés de recrutement dans les métiers du bâtiment, de l'hôtellerie – restauration par exemple, montre que l'image sociale d'un secteur – et par conséquent l'image-employeur de chacune des entreprises de ce secteur – est déterminante pour les personnes à la recherche d'un emploi.
Est notamment mise en cause la façon dont les entreprises décrivent les emplois proposés, par nom de métier ou par référence à une formation, plutôt que par des compétences de base à partir desquelles il serait possible, moyennant une formation minimale et une adaptation, de recruter des personnes moins « qualifiées ».

Exemple

Prenons l'exemple d'une société de nettoyage industriel : plutôt que de rebaptiser « technicien ou technicienne de surface » la fonction « homme ou femme de ménage », ne s'agit-il pas d'identifier ce qui dans cette activité en fait un véritable métier, ce qui va valoriser celui qui l'exerce et pourquoi ?

■ Qualifier ses ressources humaines

Ce qui vaut pour la personne chargée de l'entretien vaut évidemment pour chaque employé, quels que soient sa mission, son niveau et son ancienneté. Que n'a-t-on vu, dans les restructurations d'entreprises parfois brutales de ces dernières années, supprimées sur le papier des fonctions qui, dans la réalité, correspondaient à des hommes ou des femmes jouant un rôle clé dans une organisation, justement parce que leur action dépassait largement l'intitulé de leur fonction, que leur métier était autrement plus riche et complexe que l'idée qu'on s'en faisait ?

L'identification des métiers et plus complètement encore celui des compétences dans une organisation devient indispensable, car elle doit permettre de dresser une véritable cartographie qui mettra en évidence les besoins actuels et à venir, voire des carences et de les confronter à la pyramide des âges de l'entreprise.

Cette cartographie permet d'avoir une vision claire des filières autour desquelles va s'organiser la politique de recrutement et de mettre en avant les segments prioritaires à toucher.

Les filières manquent de visibilité auprès des jeunes pour lesquels les métiers « vus à la télé » suscitent des « vocations », tandis que les autres sont pour la plupart soit ignorés, soit rejetés sans doute en grande partie parce qu'ils sont méconnus. En outre la façon de présenter les métiers, comme nous l'avons écrit, est également essentielle. Nous avons tous vu des campagnes publicitaires pour l'Artisanat par exemple, superbes, voire démesurées au plan esthétique, dont l'impact passe largement, me semble-t-il, à côté de l'objectif. Ces efforts louables de valorisation de l'image et des métiers d'une corporation ne doivent pas être uniquement pensés par des « publicitaires » mais par des personnes qui connaissent bien sûr cette dimension marketing et qui possèdent également bien le sujet des ressources humaines. Enfin n'oublions pas que l'exercice du métier crée de l'attractivité mais que c'est également, de plus en plus, l'environnement du métier.

L'attractivité du métier proposé par l'entreprise pour elle-même ferait dire idéalement à un candidat « je veux exercer ce métier-là dans cette entreprise-là ». Par exemple le candidat qui entre sur le marché du travail ne devrait pas dire, je souhaite faire de la finance dans le secteur bancaire mais j'ai envie d'être contrôleur de gestion à la Banque « BSL ».

Employeur de référence

Voilà quelque temps, *Le Figaro Entreprises* présentait les résultats d'une étude réalisée avec TBWA Corporate et TNS Sofres et menée par des étudiants de formations en ressources humaines (Sciences Po Paris, Université Paris Dauphine et Celsa Université Paris IV) auprès de 324 étudiants de 27 grandes écoles et les DRH de 55 entreprises[1].

• • •

1 « L'entreprise rêvée des jeunes », *Le Figaro Entreprises* du 29 mars 2004.

Il ressortait de cette étude que les futurs cadres continuaient à placer le diplôme avant la personnalité pour leur évaluation lors de l'entretien d'embauche, qu'ils souhaitaient être « coachés » par leur manager, qu'ils étaient motivés avant tout par l'intérêt des missions avant la rémunération, et qu'ils désiraient des carrières variées, des horaires souples et de bonnes conditions de travail. Ils favorisaient la préservation de leur vie privée et réclamaient de la part de l'entreprise honnêteté et transparence. Réagissant à cette étude et à la notion d'employeur de référence, Cathy Kopp, directrice générale des ressources humaines et du développement durable d'une entreprise du CAC 40 au moment de l'étude, affirmait pour sa part que :

« Ce n'est pas sur le diplôme que se construit une carrière, mais sur le comportement en action. »

Concernant les références des 18-35 ans : « Ce sont des jeunes qui ont vécu dans un monde de communication ouverte et mondiale. Ils ont assisté en direct à tous les grands événements : guerres, catastrophes, récessions économiques, chômage de leurs parents ou de leurs connaissances... Leur système de valeurs a évolué et c'est normal. (...) Ces valeurs sont centrées sur la famille, les loisirs, les relations sociales mais aussi l'argent et seulement après le travail et les responsabilités. Il nous faut donc être capable d'offrir une ambiance et un management associés à ces valeurs. »

Encourager la diversité

Une logique d'inclusion

Parmi les défis auxquels doit répondre une stratégie d'employeur attractif, il y a celui de faire coexister au sein d'une structure commune des hommes et des femmes de classes d'âge de plus en plus variées, des anciens et de tous nouveaux arrivants. Là encore, il va falloir opérer une segmentation dans la pyramide des âges composant l'entreprise entre, par exemple, les juniors, les expérimentés et les *papy boomers*. À l'intérieur de ces segments, en fonction de l'analyse des performances de chacun, il conviendra de prévoir les scénarios d'évolution possibles, en trouvant les leviers de motivation adaptés à chaque situation, en favorisant les échanges d'expériences et le transfert des compétences et de savoirs dans un cadre d'inclusion et non plus d'exclusion.

Cette problématique de la coexistence intergénérationnelle est sans doute aussi importante que celle de la raréfaction du personnel qualifié.

Pour éviter le choc des cultures entre papy boomers et juniors, les consultants de Sociovision Cofremca préconisaient par exemple l'analyse des points de rapprochement et la valorisation des points de consensus. Une chose est sûre : les anciens modèles hiérarchiques avec le privilège de l'âge ont vécu. La gestion des compétences devient un élément central de la stratégie d'*employer appeal*. C'est autour de ce « management des intelligences » intergénérationnelles que doivent s'organiser les entreprises, en favorisant le partage d'expérience et le coaching dans le cadre de projets de création de valeur mobilisant des équipes à géométrie et à composante d'âges variables.

C'est pourquoi, de même que les entreprises ont différencié leur offre de produits et de services en fonction des cibles auxquelles elles s'adressent, il va de même leur falloir attirer et fidéliser leurs salariés en tenant compte de leurs préférences, de leurs pratiques ! Il s'agit donc aujourd'hui d'inventer de nouvelles grilles de lecture pour mesurer les potentiels aussi bien d'un ancien cadre ayant connu plusieurs mois de chômage avant de changer d'orientation professionnelle, que d'un jeune diplômé prêt à commencer par un stage dans l'entreprise ou encore d'une femme ayant fait ses preuves mais ne souhaitant consacrer qu'un mi-temps à sa vie professionnelle. D'autant que ces trois catégories devront, nous avons vu pourquoi, de plus en plus souvent coexister au sein d'une même structure, chacun cultivant des valeurs qui sont celles de sa génération, influencées par des parcours de moins en moins normés.

L'intégration des femmes

La diversité est désormais un facteur clé de performance de l'entreprise, comme l'ont compris et mis en pratique des groupes mondiaux, mais aussi naturellement des PME-PMI. Le patron de General Electric, Jack Welch, s'était exclamé dès 1997 :

> *« Il existe dans le monde 52 % de cerveaux féminins, pourquoi n'y en a-t-il pas autant chez nous ? »*

Si cette remarque dans une société de culture américaine répondait peut-être au souci du « politiquement correct », elle ne fut pas moins à l'origine d'un véritable programme d'action au sein de l'organisation. Comme l'a expliqué un ex-président de GE France, plusieurs initiatives ont été prises pour favoriser l'accès des femmes et leur ascension dans l'entreprise, avec notamment la création d'un réseau femmes, puis des engagements pris au niveau du comité de direction, un programme de coaching et d'évolution rapide pour les forts potentiels, bref toute une série de mesures volontaristes basées sur la performance, l'image et le renforcement d'un réseau favorisant les évolutions internes.

Au moment où toutes les entreprises doivent élargir leur base de recrutement vers les femmes, celles qui ont ainsi déjà institué une culture de meilleur équilibre entre les sexes ont de toute évidence pris un avantage concurrentiel sur les autres.

Il n'en reste pas moins qu'il faudra également que les entreprises réalisent, à compétences égales, l'égalité des salaires entre femmes et hommes.

Exemples

Quand le bâtiment va...

Le Pôle Emploi de Champagne-Ardennes, en partenariat avec les organisations professionnelles, l'Afpa et le conseil régional avait lancé voilà quelque temps une opération de féminisation des métiers du bâtiment. Ainsi, près de 170 entreprises s'étaient en effet déclarées prêtes à embaucher des maçonnes ou des électriciennes, pourvu qu'elles aient les compétences requises.

• • •

• • •

… ça roule dans le transport…

La parité et l'égalité professionnelle encouragées par les pouvoirs publics conduisent des entreprises à signer des contrats d'égalité. Ainsi, l'exemple d'une entreprise de transports qui a recruté et formé des candidates à l'emploi, dont des conductrices poids lourds, des agents de quai qui chargent et déchargent les véhicules. Les progrès techniques permettent désormais aux femmes d'accéder à ces métiers réputés masculins.

… et ça marche dans la restauration rapide

La chaîne Pomme de Pain a beaucoup diversifié ses sources de recrutement. Bien sûr, les étudiants restent une cible importante pour ces métiers possibles à temps partiel, où l'on peut travailler selon des horaires souples. Pourtant, un cadre dirigeant de la chaîne définissait ainsi l'employé idéal à ses yeux : « Une mère de famille qui veut s'épanouir dans son travail sans pour autant délaisser ses enfants ».

Le recrutement de femmes dans certains secteurs sera d'autant facilité si les entreprises expliquent bien que l'arrivée de nouvelles machines ou de nouveaux outils réduit considérablement la pénibilité de certains métiers.

Quand égalité rime avec insertion

Une convention avait été signée en 2012 unissant l'État et six grandes entreprises (Alcatel-Lucent, L'Oréal, Orange, Société Générale, ST Microelectronics et Vinci) autour du programme Capital Filles.

Cette convention était destinée à favoriser l'insertion professionnelle de jeunes filles issues des zones d'éducation prioritaires et des zones rurales.

Parmi les objectifs principaux de ce programme : lutter contre les stéréotypes liés au genre, en invitant les jeunes filles à découvrir des filières industrielles et technologiques d'avenir, encore traditionnellement très masculines.

Sur le thème de l'égalité hommes-femmes dans l'entreprise, le Club RH Pôle Emploi avait invité Nicole Notat, présidente de Vigéo. Pour elle, « équilibre, mixité, parité sont des notions qui se sont imposées au fil du temps dans la société et dans les entreprises. Pour progresser davantage, il est toutefois essentiel pour l'entreprise d'agir sur les deux piliers que sont l'égalité de traitement et la promotion de l'égalité. Agir sur ces questions constitue une réelle opportunité, les changements liés à l'arrivée des femmes dans de nouveaux postes et fonctions s'avérant bénéfiques. Des études démontrent que, comme pour d'autres catégories telles que les origines ou le handicap, la diversité des talents et des expériences apporte l'oxygène, stimule la réflexion et la capacité à faire changer. »

La diversité aussi pour se différencier

La mise en œuvre d'une stratégie d'*employer appeal* doit bien intégrer cette diversité, facteur de différenciation. Cette recherche de la diversité permet de renforcer l'attractivité de l'entreprise, tout en élargissant ce que les Anglo-Saxons appellent le *sourcing*, c'est-à-dire les sources de recrutement et donc de capital humain. Elle conduit à développer des styles de management originaux qui sont autant de « marques de fabrique », loin des pratiques standard génératrices de conformisme.

Dans le magazine *Management* de février 2016, on peut lire un article d'Ève Ysern au titre étonnant : « Bad boy et déglingo, ces profils atypiques séduisent les boîtes ».

Je dirais que c'est en quelque sorte la volonté de rompre avec le clonage des jeunes diplômés et la recherche de profils plus disruptifs qui permettront, comme disent les Anglais, « *to think out of the box* », c'est-à-dire penser en dehors d'un cadre conventionnel.

La diversité favorise l'émergence des meilleures pratiques au plan local et leur partage, leur capitalisation globale. Mais sa mise en œuvre nécessite, comme nous l'avons déjà dit, des efforts supplémentaires avec des segmentations de plus en plus fines pour tenir compte des aspirations des uns et des autres, à tous les niveaux, en fonction de la situation et du potentiel de chaque individu. En collaboration avec diverses associations, de plus en plus d'entreprises adoptent des politiques de diversité volontaristes. Ainsi, des entreprises, dans des chartes sociales, s'engagent-elles à combattre les discriminations de toutes sortes : sexe, origines ethniques ou sociales, religions ou convictions, opinions politiques ou syndicales, un handicap, l'âge ou l'orientation sexuelle...

Soulignons qu'un tiers des candidats à une offre d'emploi s'estime encore discriminé à l'embauche. Impression ou réalité, le problème existe véritablement.

La diversité, un véritable atout

Même si l'on peut penser que dans une génération, cette question de l'acceptation de la diversité ne se posera plus à ceux (les enfants d'aujourd'hui) qui seront les femmes et les hommes de demain aux plans politique, économique, social... et qui auront grandi en vivant et acceptant comme normale cette diversité, il n'en reste pas moins que cela pose encore un problème en ce milieu de décennie.

Si cette diversité existe évidemment dans la vie de tous les jours mais qu'elle n'est pas forcément bien acceptée par tout un chacun, elle est encore très faible, trop faible dans l'entreprise.

Trop souvent on constate qu'il existe des discriminations à l'embauche ou à l'évolution professionnelle pour les minorités visibles, les personnes handicapées, les seniors... qui plus est, sans doute, quand ce sont des femmes.

Dans un article du *Parisien Économie* du 29 février 2016, à partir d'une enquête en ligne sur 998 demandeurs d'emplois, représentatifs de la population des demandeurs d'emploi, on apprend que 63 % des motifs de discrimination sont liés à l'apparence corporelle.

Certes des points de progrès se mettent en place et la signature, par exemple, de la Charte de la Diversité par des grandes et des petites et moyennes entreprises atteste d'une volonté de changement. La négociation de l'accord national interprofessionnel sur la diversité signée au niveau du Medef a été un élément patent de l'évolution. Mais, au quotidien, ces déclarations, ces engagements, doivent se traduire concrètement dans l'entreprise.

Il faut constater que le mot diversité peut couvrir beaucoup d'éléments et que cette diversité reste donc une notion large et assez floue. Non définie juridiquement, une politique de diversité n'existera alors qu'à travers des initiatives, des actions volontaires, des objectifs, des entreprises contre toutes les discriminations.

De plus, il est indispensable, que cette notion de diversité se diffuse à tous les niveaux, qu'elle devienne un thème permanent des formations pour les managers et tous ceux qui embauchent, intègrent et encadrent des équipes.

Au-delà des engagements et des outils de l'entreprise, le respect de la diversité est d'abord une affaire individuelle. Chaque manager-recruteur doit se focaliser sur les compétences des candidats et se méfier des stéréotypes.

Les besoins grandissant en ressources humaines et en compétences, évoqués dans ce livre, et la pénurie de main-d'œuvre qualifiée et de talents s'accroissant (en particulier dans certains métiers en tension) constituent sans doute une opportunité pour faire s'apercevoir aux plus réticents qu'intégrer une vraie politique de diversité dans l'entreprise va permettre d'élargir les sources de recrutement et être également un facteur d'enrichissement (développement de la capacité d'innovation, meilleure compréhension des attentes des différents clients, ouverture à de nouveaux marchés...) et la traduction de ce qu'est la société aujourd'hui.

Encore une fois, en sortant des sentiers battus du recrutement, il sera possible de découvrir des candidats différents dont le dynamisme et la loyauté envers l'entreprise seront très forts.

Nous verrons dans un chapitre de ce livre que le marketing RH, en ouvrant et en diversifiant les outils et les moyens de recrutement, va automatiquement et naturellement créer de la diversité dans l'entreprise.

Affirmer son identité

La fin des sociétés anonymes

Dans un monde où les repères se déplacent en permanence, savoir qui elle est et d'où elle vient est devenu une nécessité absolue pour toute entreprise qui se doit désormais d'être visible et lisible. Pour qui veut attirer de nouveaux talents, l'adage prêté aux chefs d'entreprises rétifs à la publicité, « vivons heureux, vivons cachés » est évidemment hors de propos. Inversement, les entreprises qui se fabriquent une image extérieure, sans commune mesure et sans rapport avec ce qu'elles sont réellement, ont toutes les chances de ne pas résister à la première crise venue. On l'a bien observé avec les centaines de start-up Internet qui ont disparu plus vite encore qu'elles n'avaient vu le jour, une fois leurs réserves épuisées, incapables pour la plupart de mobiliser leurs équipes par manque de projets réellement porteurs de moyens et surtout de véritable management. La personnalité du dirigeant est évidemment un élément fondateur de l'identité d'une entreprise, mais définir cette identité à travers sa personnalité ne suffit pas. Quelle vision a-t-il su partager avec ses collaborateurs, quel sens donne-t-il à leur travail, quelles valeurs leur a-t-il proposé d'adopter et de traduire dans leurs actions quotidiennes et concrètes, quelle attitude donne-t-il en exemple ? Ces différents éléments et bien d'autres encore servent de fondement durable à l'entreprise dans la construction de son identité qui la rend à nulle autre pareille.

Vue de l'extérieur

Mais combien d'entreprises savent ou prennent le temps d'analyser ces différentes composantes de leur identité, de s'interroger sur leur histoire et l'héritage, parfois enfoui, légué par leur créateur ? Les chiffres, alignés dans des documentations sur papier glacé et au contenu sans chaleur, sont les seuls repères dont disposent celles et ceux qui cherchent à savoir dans quel genre de société ils vont éventuellement postuler. Des bâtiments anonymes dans des espaces déshumanisés, une dénomination sociale parfois agrémentée d'un vague logo, des locaux sans personnalité, poussiéreux ou aseptisés selon les cas, tels sont les repères dont disposent encore trop souvent les candidats qui, pour la première fois, cherchent à faire connaissance avec l'entreprise. Vision caricaturale ? Tentez l'expérience ! Demandez à quelqu'un d'extérieur de vous parler de votre entreprise. Souvent, on vous citera le nom de son dirigeant, ses activités et encore pas toutes, le nombre de ses employés... Plus rarement, il sera question de la qualité des conditions de travail, des perspectives de développement, des possibilités d'évolution, des « avantages » sociaux. Tentez la même expérience en interne : là encore, à part quelques « anciens », rares sont celles et ceux qui, lorsqu'ils s'y sentent autorisés, identifient et donc définissent clairement l'entreprise où ils travaillent, en dehors de ce qu'ils y vivent quotidiennement, de façon très subjective et parcellaire, donc.

La carte d'identité

Le premier travail auquel oblige, s'il n'a pas déjà été fait, la mise en œuvre d'une stratégie d'*employer appeal* est de déterminer les éléments constitutifs de l'identité de l'entreprise. Ce sont évidemment d'abord des éléments factuels, date de création, chiffre d'affaires, nombre de collaborateurs qui sont autant de caractéristiques. Une entreprise qui a vingt ans dans le secteur des nouvelles technologies peut s'en prévaloir au même titre qu'une entreprise centenaire dans l'industrie. À l'inverse, la jeunesse offre des avantages qu'il convient aussi de mettre en avant.

Ce sont ensuite les activités, le ou les métiers exercés. Exercice facile ? Pas toujours ! Et de moins en moins au fur et à mesure que l'exercice d'une activité fait intervenir des techniques complexes et nécessite la combinaison de savoir-faire spécialisés, en constante évolution.

Exemple

Ford, Volvo, Toyota construisent tous trois des automobiles et pourtant, chacun possède une identité propre. Chacune de ces marques a son histoire mais sans doute est-ce leur façon d'exercer le métier de constructeur qui a le plus contribué à forger cette identité. Ford avait introduit une révolution avec la mise en place des premières chaînes de montage, Volvo avait été le premier à constituer des équipes d'ouvriers plus polyvalents travaillant sur des « projets » et Toyota a encore innové avec le concept de *lean production* qui implique encore d'autres méthodes de travail, en flux tendu.

La prise en compte de la façon dont l'entreprise exerce son métier est un élément caractéristique fort et ce, quels que soient sa taille et son secteur d'activité. L'invention d'un procédé technique, une innovation, l'introduction de nouvelles méthodes de management sont autant d'éléments constitutifs de l'identité.

L'âme de l'entreprise

Restent les valeurs. Plus difficiles à définir parce qu'immatérielles, souvent inexprimées ou insuffisamment partagées, elles sont l'âme de l'entreprise, ce qui va donc animer son fonctionnement, déterminer la qualité des relations entre ceux qui y travaillent, bref, créer du lien. Longtemps ces valeurs ont d'abord été celle des créateurs qui les ont naturellement fait partager à leurs collaborateurs. Que ce créateur disparaisse et on parle alors souvent de perte d'identité. Pourquoi ? Parce que ces valeurs n'avaient pas été assez solidement inscrites, marquées dans le corps et le cœur de l'organisation. De Félix Potin à Serge Trigano et bien d'autres, combien d'inventeurs ont-ils laissé derrière eux des marques orphelines, ayant perdu leur force ! Chanel, IBM, Casino et beaucoup d'autres, y compris des entreprises régionales ou locales, ont au contraire su assurer la transmission des valeurs d'origine, au besoin en les faisant évoluer, sans rupture.

Son identité définie ou retrouvée, l'entreprise va naturellement pouvoir affirmer sa personnalité à travers un plan d'actions de marketing RH, cohérent avec sa communication globale, comme nous le verrons plus loin. Mais pour affiner cette approche, il lui faut aussi regarder du côté de ses concurrents.

Observer attentivement la concurrence

La veille RH

Il convient de prendre les devants en établissant la liste de ses concurrents potentiels. Ceux-ci ne sont pas nécessairement tous les mêmes que les concurrents au plan commercial. Sur certains types de postes, les concurrents sont très nombreux et potentiellement dans tous les secteurs d'activités, sur d'autres ils ne sont que quelques-uns et la veille concurrentielle est plus facile, même si plus dure sera la « chasse ». Connaître les pratiques de ses concurrents en matière de recrutement et plus largement de gestion des ressources humaines sera aussi important que d'anticiper la stratégie d'un adversaire sur un champ de bataille... commerciale.

Le recours à des appels téléphoniques, l'envoi de candidatures spontanées ou en réponse à des annonces, la visite approfondie du site Internet et autres réseaux sociaux sont autant d'occasions d'observer le comportement de ses concurrents en matière de recrutement, pour voir les bonnes idées et se différencier des mauvaises pratiques. Quels sont les canaux de recrutement qu'il utilise le plus fréquemment ? pour quels types de postes, fait-il appel à des cabinets spécialisés, lesquels ? Comment traite-t-il les candidatures, assure-t-il un suivi ? Lors des entretiens, quels sont les points qu'il met en avant, comment se présente-t-il ? Quels types de contrats propose-t-il, quelle rémunération, fixe, variable, intéressement, etc. ?

Le benchmark RH

Rares sont aujourd'hui les DRH qui se donnent les moyens d'effectuer cette veille concurrentielle, ce qui les prive en réalité, pour un moindre coût, d'atouts importants pour construire leur stratégie de recrutement. Dans le cadre d'une stratégie d'*employer appeal*, il est indispensable d'organiser ce que dans d'autres domaines on appelle le *benchmark*, autrement dit l'alimentation en données nouvelles et la comparaison permanente de ces données. Ce sera, par exemple, le recueil le plus systématique possible des annonces de recrutement passées par les entreprises concurrentes, pour tel ou tel type de profil, dans des journaux ou sur le Web. Ce sera l'analyse de ces annonces, de leur contenu, de leur forme pour en déterminer les points forts et les faiblesses.

Le positionnement RH

Pourquoi tout ce travail ? Il va en fait orienter la stratégie, permettre d'affiner le positionnement et servir dans la réalisation des actions proprement dites. Savoir qu'un concurrent recrute est déjà une information à part entière : en fonction des profils recherchés on peut en déduire le type de développement qu'il envisage, sur quels segments de marché. Une direction des ressources humaines capable de fournir ces informations à sa direction générale contribue à la veille marketing de l'entreprise. Mais cela doit aussi influer sur la mise en œuvre de ses campagnes : faut-il adopter une stratégie suiviste en profitant de la brèche ouverte, allumer des contre-feux en étant présent là où n'est pas « l'adversaire », carrément contre-attaquer ou, encore mieux, prendre l'initiative pour couper l'herbe sous le pied de ses concurrents ?

La différenciation RH

Accessoirement, cette façon de concevoir les ressources humaines peut être très stimulante ! L'analyse qualitative du discours, de la communication de recrutement de la concurrence va aussi déterminer la façon dont on va s'adresser à son tour à celles et ceux que l'on veut attirer, là encore en marquant sa différence, en faisant ressortir certaines spécificités dont ne se prévalent pas les autres. Seule règle :

être en mesure de prouver les arguments que l'on avance. Aujourd'hui les candidats comme les consommateurs se méfient beaucoup plus. Le Web 2.0 et ses échanges permettent de faire des vérifications plus facilement qu'avant. L'entreprise doit pouvoir prouver que sa différenciation annoncée correspond à la réalité. À ce titre aussi, on est à l'opposé de ce que l'on pouvait observer encore récemment dans les pages d'annonces de recrutement, souvent construites sur le même modèle, utilisant le même jargon, ne faisant apparaître aucune rémunération quand il avait été décidé – par quels spécialistes ? – que cette mention en temps de crise n'était pas pertinente, ou encore utilisant toutes le mot « talent » parce que le terme était à la mode. La logique d'employeur attractif est toute autre, c'est une logique marketing orientée vers celui que l'on veut rencontrer. Pour cela il faut d'abord, dans la foule des annonces qu'il consulte, qu'il ait une première impression et qu'elle soit, si possible, la bonne. Il est donc important de se distinguer des autres dans la forme et dans le contenu, d'être différent pour attirer l'oiseau rare et plus généralement les bons profils en nombre. L'étude de la concurrence est aussi fondamentale pour le choix des moyens, sur la panoplie desquels nous reviendrons. Vos concurrents participent à tel salon de l'emploi, devez-vous aussi y être ? Telle entreprise s'adresse directement à ses clients pour embaucher, ce modèle est-il pertinent dans vos activités ?

La mise en œuvre d'une stratégie d'*employer appeal* nécessite, on l'aura compris, de la curiosité, une nouvelle ouverture d'esprit, la volonté de dépasser les certitudes de la théorie en les confrontant aux réalités de la pratique, bref, une forme de remise en question permanente en fonction des éléments d'informations nombreux et variés que l'on ira chercher, comme nous l'avons vu, aussi bien en interne qu'à l'extérieur, chez ses clients comme chez ses concurrents. Le monde des ressources humaines est en train de vivre sa révolution marketing. C'est aussi l'opportunité pour ses responsables de quitter leur cadre fonctionnel trop stéréotypé.

Respecter les points clés du positionnement

Le positionnement doit être déterminé précisément en fonction de l'analyse stratégique réalisée par l'entreprise en fonction de ses objectifs et de son marché. Ce positionnement va être traduit par une promesse qui servira d'accroche, de signature et sera déclinée pour la communication RH en particulier pour certaines grandes entreprises par exemple. Mais cette promesse dépasse le simple outil de communication pour constituer un moyen privilégié d'harmoniser la présentation et la mise en œuvre des programmes RH prioritaires.

Ce positionnement peut être moins abouti, plus vague, non complètement formalisé mais il doit exister quelle que soit la taille de l'entreprise. C'est une sorte de « drapeau ».

Pour faire vivre ce que contient la promesse ou le positionnement (non traduit obligatoirement sous forme de slogan), qui seront déclinés à travers les différents programmes RH et les avantages offerts par l'entreprise, des éléments de design spécifiques RH peuvent venir compléter la charte graphique de l'entreprise, comme signe distinctif des autres types de communication, institutionnelle ou produit. Pour le public interne, comme pour l'externe il est en effet important de repérer ce qui est de l'ordre du domaine RH de l'entreprise, surtout si celle-ci communique beaucoup et qu'elle explique les arguments d'attractivité. C'est en quelque sorte un signe de reconnaissance RH. Cette forme de communication RH doit être parfaitement cohérente et respecter l'identité visuelle institutionnelle de l'entreprise. Une des tentations, souvent observée et d'autant plus courante que l'identité visuelle n'a pas été clairement établie au plan de l'entreprise est d'utiliser « sauvagement » un élément de cette identité (symbole intégré au logo, par exemple) dans une déclinaison de communication RH. Cela risque de nuire à la cohérence et à la force de la communication, en brouillant les messages plutôt qu'en les clarifiant.

Exemple **Thèmes et accroches « déjà vus »**

Les accroches ci-dessous ont, à quelques mots près, été utilisées par des grandes entreprises qui illustrent un premier positionnement général. Parmi ces accroches, quelles sont celles que l'on peut spontanément attribuer à une marque ? Ne sont-elles pas pour une grande partie d'entre elles interchangeables ? Ne faut-il pas aujourd'hui aller plus loin, être plus direct, plus simple et moins « déjà vu » ?

Thèmes	Accroches
Défi, goût du challenge	« Ensemble, repoussons les limites »
Innovation, créativité	« Innovez en toute liberté »
Innovation, création	« Ensemble, construisons notre avenir »
Travail en équipe	« Conjuguons les talents »

Voici des exemples de thèmes qui seraient peut-être plus précis, plus caractérisant de l'entreprise :
- Éthique, dimension humaine, autonomie.
- Développement professionnel et personnel.
- Proximité géographique, culture régionale.
- Ouverture à la diversité, respect des différences.
- Responsabilité sociale et environnementale.
- Responsabilisation et confiance envers les salariés.

Les objectifs de la stratégie d'*employer appeal*

L'objectif est de connaître les forces objectives de son offre employeur, quelle que soit la taille de l'entreprise, de la très grande à la très petite.

Mesurer son attractivité

- Évaluer sa notoriété et son image-employeur.
- Dresser le constat d'attractivité.
- Corriger son image et l'objectiver.

Définir ses métiers

- Qualifier l'univers professionnel.
- Réfléchir aux qualités requises et aux compétences.
- Dresser une cartographie des métiers et des besoins.

• • •

- Mettre en perspective des parcours professionnels possibles dans son organisation.

Introduire de la mixité et de la diversité

- Réaliser sa pyramide des âges en trois dimensions (sexe, âge, expériences).
- Analyser les complémentarités.
- Identifier les manques pour les anticiper.

Analyser le positionnement marketing RH de ses concurrents employeurs

- Organiser une veille systématique.
- Constituer une base de données.

Affirmer son identité

- Donner du sens à son histoire, retrouver ses valeurs fondatrices et les rendre concrètes au quotidien.
- Éviter le suivisme des modes.
- Mettre en lumière ses spécificités, ses différences et leur intérêt.

L'essentiel

▸▸ **Ne pas confondre** notoriété d'entreprise et marque employeur.

▸▸ **Bien expliquer les métiers** proposés par l'entreprise afin de ne pas rester sur des perceptions dépassées.

▸▸ **Exprimer le positionnement RH** clairement et de façon réaliste.

Chapitre 2

Bâtir un véritable plan marketing RH

Executive summary

- **Identifier** les publics externes (candidats) et internes (collaborateurs).
- **Définir** l'offre RH, la promesse employeur.
- **Bâtir** un plan d'actions à court, moyen, long terme.
- **Constituer** un réseau de prescripteurs.

Une fois précisés les principaux éléments nécessaires à l'élaboration de sa stratégie d'*employer appeal*, la mise en œuvre de celle-ci va s'opérer selon une démarche marketing pratiquement jamais utilisée en matière de ressources humaines. Là encore, le fait même de suivre ce cheminement va être un gage d'efficacité supplémentaire des actions. Pour faire un parallèle, le marché des ressources humaines, comme celui de la consommation il y a vingt-cinq ans, passe d'une logique de masse à une logique individuelle.

Il ne s'agit plus de vendre le même produit à une catégorie de consommateurs plus ou moins bien identifiés, mais d'être choisi par des profils d'individus dont on aura préalablement détecté les attentes. En fonction de cette cartographie de besoins de compétences évoqués plus haut, il va falloir adopter un positionnement, une offre employeur, des messages précis et se fixer des objectifs à court et moyen terme de conquête, de fidélisation en fonction de ses publics cibles. Pour chaque cible, il s'agit de construire des argumentaires, avant de mettre en place les outils proprement dits permettant la réalisation du plan marketing RH, comme par exemple la construction d'un « plan média », le lancement et le suivi des campagnes d'image-employeur ou de recrutement, la mise en œuvre et l'animation d'un réseau de prescripteurs, la mise en place de canaux et d'outils de recrutement adaptés aux candidats recherchés...

Les questions à se poser pour l'élaboration du plan marketing RH

- Quelle est ma cible directe ? *(le cœur de cible)*
- Quelle est (sont) ma (mes) cible(s) indirecte(s) ? *(les prescripteurs)*
- Ces deux questions sont à se poser en terme d'attractivité et également à l'intérieur de l'entreprise en terme de fidélisation.
- Qu'est-ce qui caractérise mon « offre employeur » et quel est mon argumentaire d'employeur attractif ?
- Quels sont les objectifs à court terme et à long terme en fonction de chaque public visé en dehors et dans l'entreprise ?

Après avoir répondu à ces questions, il s'agit de réaliser un plan d'actions, de prévoir des outils de mesure, de fixer un calendrier de ces actions et bien sûr, d'en établir le budget.

Définir son offre employeur

Les éléments d'information et d'analyse rassemblés lors de la phase de réflexion stratégique doivent permettre de se positionner en tant qu'employeur sur le marché du travail. Chaque entreprise est en mesure de définir dans ces conditions un positionnement et une offre employeur qui lui soient propres, quelle que soit sa notoriété par ailleurs. De là va découler l'ensemble des actions de marketing RH qui seront décidées. C'est en quelque sorte le référent, le juge de paix de la cohérence des actions engagées, quelles qu'elles soient. Et cette cohérence est, nous l'avons vu, devenue indispensable pour être non seulement efficace mais crédible auprès de publics plus prompts que jamais à douter de la vérité des discours qui leur sont adressés, voire à les contester sur les réseaux sociaux. C'est la cohérence de toutes les expressions d'un employeur, tant vis-à-vis de ses publics internes – salariés, managers, partenaires sociaux –, qu'externes – candidats, partenaires, médias... Le positionnement et l'offre employeur sont en quelque sorte une forme d'engagement, contenant déjà une promesse : il doit donc être précis, ne pas rester dans un flou plus ou moins artistique qui, d'ailleurs, irait à l'encontre de la nécessité évoquée plus haut de se différencier. Et, bien sûr, il doit correspondre à la réalité, pouvoir être démontré si besoin est.

Ce travail sur l'offre employeur va quelquefois permettre de mettre en évidence des faiblesses sur tel ou tel thème et obliger ainsi les responsables RH, entre autres à enrichir le contenu de cette offre. À ce titre cette phase peut être porteuse d'innovation sociale.

Le positionnement marketing RH sera en général, mais pas systématiquement, en lien avec la politique de communication de l'entreprise sur son marché. Pourquoi ? Parce qu'on imagine mal aujourd'hui, alors que les barrières entre l'interne et l'externe, entre les clients, les actionnaires, les collaborateurs tendent à disparaître, comment il serait possible d'adopter des positionnements différents ou non cohérents, comme deux faces d'une même médaille, souriante d'un côté, grimaçante de l'autre. En termes d'organisation, la conséquence directe de cette nécessaire cohérence est que les responsables des ressources humaines vont, plus que jamais, travailler en étroite collaboration avec ceux de la communication.

Co-pilotage RH et communication

Au-delà de la communication, la réflexion porte d'abord sur le contenu de l'offre employeur qu'elle va proposer à ses différents publics afin qu'elle soit en cohérence avec les objectifs stratégiques de l'entreprise. La communication aux candidats externes qu'elle veut attirer va avoir un écho auprès d'autres personnes. Il faut bien avoir conscience que cette communication s'adresse également indirectement à l'ensemble des salariés de l'entreprise mais aussi aux clients, aux partenaires, aux investisseurs et aux actionnaires. Il est donc nécessaire d'associer, dans une démarche qui vise à développer une image-employeur, les responsables de la communication et ceux des ressources humaines au sein d'un groupe de pilotage.

Exemple **Southwest Airlines**

C'est une compagnie aérienne américaine, positionnée sur un accès au transport aérien à des prix très compétitifs. Ce positionnement s'est traduit pour ses clients par la promesse *freedom to fly*, synonyme d'autonomie, de liberté de choix, d'accessibilité au plus grand nombre. Pour les salariés, qui avaient des attentes fortes en terme de responsabilités, d'individualisation, d'initiative, la promesse, le positionnement est *freedom begins with me*. Concrètement, elle s'est traduite par un ensemble d'actions RH : développement de carrière, formation, retraite et prévoyance, rémunération...

Ce qui est vrai pour des multinationales qui disposent d'établissements partout dans le monde l'est tout autant pour une entreprise régionale qui agit sur un bassin d'emplois plus restreint. Le positionnement sera le point d'ancrage de l'image-employeur, un repère mais aussi une promesse, l'engagement et l'expression de ce qu'est l'entreprise en termes de ressources humaines. Ce positionnement va orienter les actions et permettre de réaliser une feuille de route, avec des objectifs à court et moyen termes pour devenir un employeur attractif.

Témoignage

Universum est une société internationale de conseil en marque employeur. Nos activités reposent sur des études marketing menées auprès d'étudiants et de jeunes professionnels. Nos enquêtes nous permettent de publier chaque année un classement des employeurs les plus attractifs selon les étudiants de niveau Master en commerce et ingénierie. Nous les interrogeons sur leurs attentes (objectifs de carrière, prétentions de salaires, secteurs d'activité souhaités, critères de choix pour intégrer une entreprise…) et nous leur demandons de désigner les employeurs qu'ils préfèrent.

La grille d'évaluation de nos études est répartie en quatre catégories : l'image et la réputation employeur ; les caractéristiques du poste ; la culture d'entreprise ; la rémunération et les opportunités de carrière.

Dans le spectre de notre étude concernant des étudiants de niveau Master en commerce et ingénierie, et sans distinguo entre ces deux diplômes, il existe pour eux un point important de la promesse employeur qui touche à l'équilibre entre vie personnelle et vie professionnelle. Il s'agit en l'occurrence, pourrait-on dire, d'une attente générationnelle. Ces étudiants mettent également en avant la quête de sens car ils veulent travailler dans des entreprises qui ont une raison d'être (purpose, comme disent les Anglo-Saxons). Par ailleurs, ils prônent la valeur respect et souhaitent bien comprendre pour quoi ils travaillent. C'est la génération Why. Et ce, dans la plupart des pays européens.

En France, pour cette population, il existe tout de même quelques spécificités. Ils sont particulièrement fermes sur ces derniers points

• • •

••• *car ils n'ont pas réellement de crainte pour leur employabilité. Ils sont également focalisés sur le challenge professionnel et recherchent des sociétés innovantes et plutôt leaders dans leur domaine. Ils ne souhaitent pas travailler dans des organisations en silos car ils se considèrent multi-tâches. Ils demandent à travailler en mode projet et dans une cohérence d'ensemble.*

On remarque aujourd'hui qu'il existe des secteurs dans lesquels il est difficile d'attirer des candidats mais un travail sur la marque-employeur peut permettre de changer la donne. Il y a de moins en moins d'unicité de secteurs et l'attractivité va vraiment dépendre de l'entreprise, de son identité et de sa promesse employeur.

Il faut noter qu'aujourd'hui la marque-employeur est une composante forte de l'attractivité d'une entreprise mais, de façon aussi importante, elle est une composante de la fidélisation des salariés.

Cela oblige les entreprises à être authentiques sur la satisfaction des salariés, le bien-être… car ce sont les collaborateurs qui seront leurs premiers ambassadeurs.

De nos jours, tout le monde attribue des notes ou des avis et l'entreprise n'échappe pas à cette règle. Cette marque-employeur peut donc être extrêmement vite obérée, bien sûr à travers les remarques des réseaux sociaux mais également sur des sites spécialisés.

Nous parlions de la génération Y mais la génération Z va bientôt arriver sur le marché de l'emploi. Il faut noter qu'elle possède des caractéristiques accentuées des Y mais que par ailleurs beaucoup de jeunes de la génération Z veulent devenir entrepreneurs ou travailler dans une start-up.

Face à toutes ces évolutions qui sont tangibles aujourd'hui, les directeurs RH doivent bien analyser leurs besoins en ressources des 3 à 5 prochaines années en termes de volume et de profils. Ils doivent faire un travail d'anticipation pour mieux cibler leurs recherches en fonction des attentes des candidats et des collaborateurs. Il leur faut enfin se demander quelles sont leurs forces par rapport à la concurrence et face à une compétition qui va s'exacerber.

Aurélie Robertet – Directrice France Benelux Universum

Élaborer des objectifs à court et long terme

Halte à l'improvisation !

Le positionnement RH, défini en fonction de la stratégie d'*employer appeal* telle que nous l'avons examinée et indirectement selon le positionnement général de l'entreprise sur son marché, n'a de sens que s'il correspond à des faits, à des actions qui vont elles-mêmes s'inscrire dans un plan d'objectifs à court et moyen termes. Là encore, il convient de sortir de la spirale infernale de l'improvisation à laquelle ont souvent été contraintes les DRH durant les années de crise, sous la pression d'une logique à très court terme, au risque de ne pas répondre aux attentes des salariés sur un marché qui se caractérise par sa vitesse d'évolution de plus en plus grande.

On l'aura compris : pour mettre en œuvre ce plan marketing RH, il ne s'agit pas de prévoir des actions au coup par coup, en fonction de la mise en œuvre et du déroulement de tel ou tel programme RH, mais bien de concevoir, de réaliser et d'articuler avec continuité ces actions de marketing RH dans le cadre d'un plan d'ensemble, validé avec la direction générale.

La formalisation de ce plan marketing RH permettra de mettre en perspective l'ensemble des actions, d'avoir une vue d'ensemble et d'expliquer la cohérence. Une véritable cartographie sous forme de matrice montrera immédiatement par exemple les redondances ou au contraire les absences de certaines actions.

L'approche matricielle

L'ensemble de ces objectifs pourra être inscrit dans une matrice positionnant les différentes actions complémentaires à mener par l'entreprise employeur.

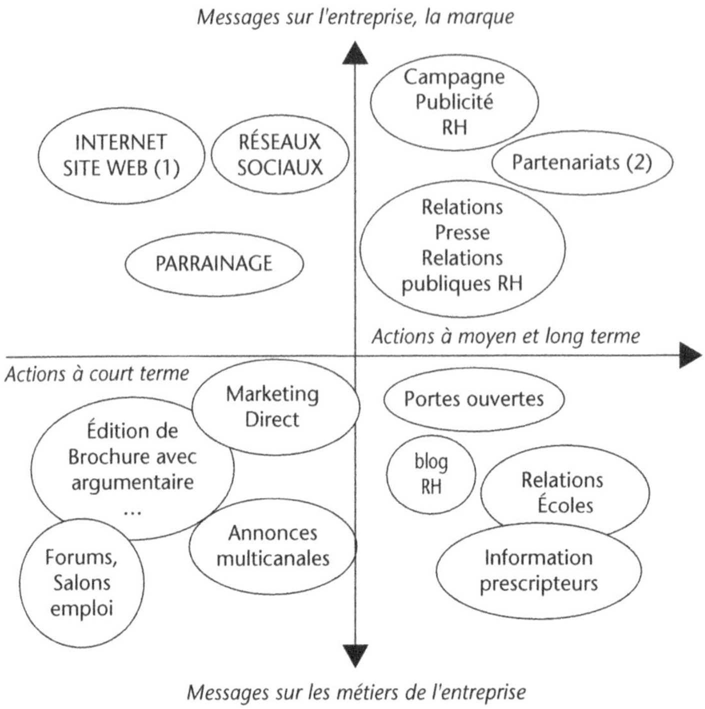

1 : présentant l'employeur et ses avantages en termes de recrutement
2 : pour apparaître employeur de référence dans le secteur d'activité

Figure 2.1 – Exemple d'un graphique d'actions marketing RH

À ce stade, on identifie les leviers RH prioritaires en fonction des besoins de l'entreprise, en cohérence avec les attentes des populations clés visées et en choisissant les canaux de communication adaptés. Pour être totalement efficient, le mix doit être le plus différenciant possible, sinon dans le choix des outils du moins dans leur combinaison. Là également, il est important de mettre en place un *benchmark* permanent avec ses concurrents.

La matrice présentée concerne des publics externes et les 4 P appliqués au marketing de cette marque employeur pourraient être notamment : Positionnement, Promesse, Preuve, Personnalisation. Cette matrice doit également être réalisée pour les actions dirigées vers les salariés de l'entreprise afin d'accroître la fidélisation et dans cette occurrence, les 4 P du marketing RH seraient en particulier : Poste, Professionnalisation, Participation, Perspectives.

Cibler juste

« Pourquoi cibler ? » demanderont encore certains, sûrs que leur offre employeur doit naturellement trouver preneur ou au contraire craignant de ne pas toucher leur public, s'ils « n'arrosent pas large ». En ne se posant pas la question de son cœur de cible, on va au-devant de deux types de problèmes.

- Sur des objectifs de recrutement, c'est d'abord le risque de galvauder son image-employeur, puisqu'en étant présent un peu partout et n'importe où, on ne sera vraiment pertinent nulle part. Le message sera nécessairement généraliste, peut-être banal, en tout cas insuffisamment précis pour permettre en retour une remontée de candidatures exploitables, qualifiées. Souvent, il faudra alors gérer des centaines de CV, et subir le syndrome de « l'aiguille dans la meule de foin ».
- Surgit alors le second problème : perte de temps, gaspillage de ressources en internes ou de coûts externes et, surtout, incapacité à traiter correctement chacune des candidatures, ce qui, nous le verrons, a des contre effets en termes d'image. Il en est de même pour le choix de canaux ne correspondant pas bien à ce cœur de cible recherché. Même si le Web 2.0 prend une place aujourd'hui déterminante, il n'empêche qu'une approche « multicanal » reste pertinente selon les publics visés.

Exprimer ses besoins

Le ciblage est facilité par le travail préalable réalisé en amont. On sait qui on cherche et surtout pour quoi faire, dans quel cadre et avec quelles perspectives. Car cibler, c'est aussi s'obliger à connaître le marché. Et on doit savoir que le type de profil qui pourrait répondre à nos besoins se trouve dans tel ou tel univers, dans telle ou telle situation, utilise tel ou tel moyen de communication ou de déplacement. Il est donc important de se constituer une base de données comprenant les informations qui vont permettre d'opérer une première segmentation et grâce uniquement aux vecteurs de communication idoines pour chacun de ces segments ainsi qu'à des arguments adaptés.

Constituer des argumentaires par segments

Une mosaïque d'argumentaires

À chaque cible va correspondre un argumentaire adapté. Comme nous l'avons déjà évoqué, les attentes varient, selon que l'on s'adresse aux *baby boomers*, ou à ceux des « générations X et Y » car la conception du travail et les valeurs sont différentes. Mais à l'intérieur de ces catégories, plusieurs segments coexistent également. Si globalement les *baby boomers* restent sensibles à la rémunération, au statut, à la carrière et souhaitent une certaine stabilité, la génération X (génération entre les *baby boomers* et la génération Y) recherche plutôt des opportunités de développement, un intérêt à son travail, un équilibre vie privée/vie professionnelle, une action qui a du sens, un environnement de travail sympathique, une rémunération liée à la performance. Quand à la génération Y (*why* en anglais, c'est-à-dire « pourquoi »), elle est prête à travailler énormément si le projet la motive mais elle se caractérise également par sa capacité de remise en question.

L'argumentaire de l'offre d'emploi va encore varier, selon que l'on s'adresse plutôt à des femmes ou à des hommes. Il convient donc, en amont de la phase de recrutement proprement dite, de construire les argumentaires et des supports qui seront utilisés pour chaque population clé visée, sachant que les arguments seront affinés et personnalisés au fur et à mesure que l'on avancera dans cette phase de recrutement, en fonction des éléments d'informations supplémentaires qui seront disponibles. Mais n'oublions pas que ces argumentaires doivent être parfaitement cohérents avec la réalité vécue dans l'entreprise. Car il s'agit, au-delà des promesses de recruteur, de véhiculer une argumentation qui sera vérifiée dans les faits à travers la politique RH de l'entreprise. Enfin, attention que cet argumentaire ne soit pas porteur de discrimination, et ce, dans tous les domaines.

Chose promise, chose due !

Trop nombreux sont les exemples de promesses faites à l'embauche et non tenues ensuite, qu'il s'agisse d'évolution professionnelle, de transparence de l'information ou d'équilibre vie privée/vie professionnelle. Aujourd'hui déjà, les études montrent que ces décalages constituent un facteur majeur de désengagement et de départ des plus performants. Demain, chacun ayant davantage le choix et pratiquant le zapping, l'effet boomerang des promesses incohérentes sera terrible. Plus encore, un message négatif sera véhiculé au-delà des candidats déçus, et amplifié à travers les réseaux sociaux.

Exemple

Je me souviens d'un salarié qui avait utilisé une métaphore efficace pour exprimer sa déception : « Le studio dans lequel je viens d'emménager n'a rien à voir avec l'appartement témoin que l'on m'a fait visiter lors de la signature. »

Antoine Lhosmot, associé chez Potentialpark, considère qu'un des challenges du marketing RH est de faire preuve d'authenticité et de montrer le vrai visage de l'entreprise.

Bon argumentaire pour bon segment

Une meilleure connaissance des motivations des publics recherchés pourra se faire à travers un échantillon représentatif de ces cibles de candidats grâce à des entretiens collectifs analogues à ce que les responsables marketing appellent des « focus groupes ».

Une entreprise de services a pris soin de tester des photos illustrant sa campagne de recrutement. Elle s'est aperçue, grâce à un focus groupe, qu'un des clichés qui allait être retiré sur avis des « experts », était le plus plébiscité par les participants au focus.

Mettre en place des outils

Impliquer l'interne

Une fois sélectionnés les outils et les actions correspondant aux objectifs recherchés, vient le temps de leur mise en œuvre. Là encore un certain nombre de règles doivent être respectées pour la réussite des projets engagés. D'abord, il convient de s'assurer de l'implication de l'ensemble du management dans la réalisation de ceux-ci ainsi que de l'information aux partenaires sociaux. Il est arrivé, au moment du lancement d'une belle campagne utilisant un film superbe pour valoriser un métier, que le représentant du personnel de la société intervienne sur les ondes en prétendant que le film était tout, sauf la réalité. Il sera aussi indispensable d'expliquer au personnel le choix des messages et des outils, pour qu'il comprenne l'importance de la démarche, voire en ressente de la fierté. Dans certaines entreprises, on utilise quelquefois les témoignages de collaborateurs comme un élément « de preuve » de ce qui est déclaré.

Toute cette information préalable permet de bien faire comprendre au management, aux collaborateurs et aux partenaires que le marketing RH participe à la pérennité de l'entreprise, dans la mesure où il la rend attractive auprès des candidats et donc indirectement des clients et des actionnaires.

Mesurer les résultats

Évidemment, chaque outil doit être doté d'un indicateur de performance défini. Cette mesure peut consister, s'il s'agit d'apprécier l'efficacité d'annonces de recrutement, à suivre le nombre de CV qualifiés reçus puis le nombre d'embauches effectives. Une chose est sûre, si le travail décrit en amont a bien été effectué, les résultats sont souvent spectaculaires. Évidemment, si les progrès sont insuffisants, il faut prévoir la possibilité d'actions correctives. À bien des égards, la démarche s'apparente à celle d'un processus qualité : définition des exigences réciproques, mise en place d'indicateurs, mesures correctives, processus d'amélioration...

Exemple

Des exemples de mesure d'efficacité d'une campagne de publicité RH

Dans une grande entreprise de services, les candidatures reçues sur le site de recrutement étaient de l'ordre de 2 400 par mois. Au moment de la première campagne de publicité ressources humaines, ce nombre est passé à près de 3 300 candidatures.
Autre exemple, dans une entreprise multinationale, après un travail en profondeur sur l'image employeur et le déploiement d'outils porteurs d'un nouveau positionnement, le DRH d'une filiale étrangère a noté cinq fois plus de candidatures déposées sur le site Internet de la société.
Ce phénomène se vérifie quelle que soit la taille de l'entreprise. Une TPE, comme par exemple un institut de beauté, où le marché de l'emploi offre beaucoup de postes, fera la « différence » dans la qualité de ses recrutements en exprimant sa différence d'employeur, sa promesse RH. Ce sera à un niveau de base, comme par exemple le processus d'intégration et de formation. Et dans ce secteur le bouche à oreille fonctionne vite et crée rapidement une attractivité. Cela démontre que, même dans un secteur d'activité réputé difficile, il n'y a pas de fatalité.

Décliner le plan marketing RH

À l'externe et à l'interne

Comment va ensuite se décliner le plan marketing RH ? Trois axes de développement peuvent, logiquement, être envisagés :

- Le premier concerne évidemment le recrutement de futurs collaborateurs.
- Le second vise la fidélisation et la motivation des « cliemployés » de l'entreprise.
- Le troisième axe enfin, plus globalement, intègre tout ce qui vise à animer et enrichir la relation de l'entreprise avec son environnement et ses partenaires au sens large.

Nous reviendrons en détail sur le développement de chacun de ces axes. Mais à chacun d'entre eux correspondent des actions bien particulières avec des argumentaires segmentés. Le plan marketing RH vise à construire une architecture d'ensemble des actions à mener. Il va constituer un véritable tableau de bord enrichi d'indicateurs de coûts mais aussi de résultats. Mieux ce plan aura été conçu en amont, plus il sera facile d'en mesurer l'efficacité globale, son retour sur investissement.

Les conditions de la réussite

La première condition pour une mise en œuvre réussie est la pédagogie. Un bon marketing RH ne peut pas se passer d'explications à l'intérieur de l'entreprise, bien au contraire. Que les publics soient directement concernés ou non, il est important, comme nous l'avons dit d'expliquer pourquoi on met en place tel programme, dans quel cadre, avec quelle finalité. Qu'il s'agisse par exemple de la parution d'une campagne d'annonces dans la presse pour embaucher de jeunes diplômés, il est indispensable de communiquer au préalable sur le sujet en interne. Faute de communication, la campagne de recrutement risquera par exemple d'être vécue comme le prélude à l'élimination des anciens, pour peu que le climat social ne soit pas au beau fixe. Donc, le plan marketing RH doit faire l'objet d'une communication claire et complète. Pour les DRH qui disposent de quelques moyens supplémentaires, il peut être utile de réaliser un document pédagogique resituant les programmes et actions dans le contexte des objectifs stratégiques de l'entreprise. Ce type de documents doit surtout avoir pour fonction, en particulier dans une entreprise décentralisée, d'aider le management à s'approprier les outils mis à leur disposition par leur fournisseur RH interne. Accessoirement, cette communication, toujours opérationnelle, jamais « paillettes », contribue à faire évoluer l'image des ressources humaines et la compréhension de ses rôles au sein de l'organisation. Qui plus est, ces actions et leur logique de retour sur investissement vont transformer l'image traditionnelle du DRH fonctionnel pour le rapprocher à tout point de vue des directions opérationnelles en mettant en évidence sa valeur contributive aux résultats de l'entreprise.

La deuxième condition est de ne pas hésiter à valoriser auprès des partenaires externes les actions RH engagées, qu'elles concernent l'interne ou soient tournées vers le marché de l'emploi. Il s'agit de porter la bonne parole, de donner de la visibilité à ces actions. D'une part, cette communication auprès des relais d'opinions, des acteurs institutionnels, économiques et sociaux permet de renforcer l'impact des actions de marketing RH, dans la mesure où elle participe à rendre l'entreprise plus attractive, puisque dynamique et innovante dans la gestion de ses ressources humaines. D'autre part, elle renforce le sentiment d'adhésion à ces actions en interne dans la mesure où elles sont montrées en exemple à l'extérieur. Or, les entreprises et notamment les responsables de ressources humaines ont tendance à se montrer trop modestes en l'espèce ou répugnent culturellement encore trop souvent à mettre en avant leurs actions à l'extérieur. Elles peuvent même faire l'objet d'un véritable programme de relations avec la presse. L'exemplarité RH fait désormais partie de la compétitivité de l'entreprise et doit être revendiquée par elle !

Constituer des relais de prescripteurs

Le relais de l'image-employeur

En fonction des axes retenus, il est nécessaire à ce stade d'identifier quels sont les prescripteurs potentiels de l'offre employeur, quels sont les corporations, organismes, associations, institutions, relais qui peuvent parler des métiers exercés dans l'entreprise et orienter d'éventuels candidats. L'objectif est de relayer cette image-employeur au plan local, régional, national, voire international, et d'alimenter en informations ces relais. Bien évidemment, ce travail est aussi et d'abord celui des syndicats professionnels mais l'entreprise a sa carte à jouer pour valoriser ses points d'excellence et de différenciation. Les prescripteurs sont avant tout ceux que l'on va consulter pour leur demander conseil et ceux que l'on écoute, qui ont autorité pour parler, les relais d'opinion. Les parents, les hommes politiques, les responsables de l'emploi, les présidents d'association, les clubs sont autant de relais potentiels que l'entreprise, bien souvent, n'implique pas suffisamment ou dont elle sous-estime l'influence.

Quoi qu'on en dise, les parents continuent de jouer un rôle dans l'orientation de leurs enfants mais ont rarement une connaissance réelle des possibilités qui s'offrent dans leur région. En France, les associations sont très nombreuses et tissent un réseau particulièrement dense. De plus en plus, elles recherchent le soutien d'entreprises locales pour financer en partie leurs activités. Pourquoi ne pas mettre en place de véritables partenariats ?

Relais désormais indispensable de l'image employeur et du recrutement, le Web 2.0 fera l'objet d'un long développement dans cet ouvrage.

L'aide à la promotion

Tous les responsables de CIO[1] ou du Pôle Emploi ont-ils une connaissance précise de chaque entreprise présente sur leur territoire ? Rien

1 Centre d'information et d'orientation.

n'est moins sûr. L'entreprise qui va leur fournir un argumentaire, leur apporter de véritables outils d'aide à la promotion va directement participer à leur performance : ils deviendront ses agents prescripteurs pour les profils recherchés. Des opérations conjointes, comme il en existe déjà, sous forme de journées d'information, de portes ouvertes seront plus systématiquement organisées. Le Pôle Emploi offre la possibilité aux entreprises qui recrutent de se présenter sur son site Internet.

La presse

Les journalistes aussi, dans le cadre de leurs reportages, ont une influence directe sur les publics visés. Il ne faut plus se contenter de s'adresser à eux pour des questions ponctuelles mais les inviter à des visites, des rencontres plus ou moins formelles qui vont leur permettre de toucher du doigt la réalité du terrain dont on a trop souvent tendance à les tenir éloignés. De plus, cette relation au long cours facilitera la communication en cas d'événement particulier, voire de crise.

Les clients

Les clients de l'entreprise, eux aussi, sont des prescripteurs potentiels en terme d'emploi. S'ils sont satisfaits des services offerts par une entreprise, s'ils en ont une image positive, s'ils voient des employés épanouis, ils seront des relais précieux et, là encore, en fonction de la taille et de l'activité de l'entreprise, ainsi que de ses métiers, des actions sont à prévoir. Dans la pratique actuelle, il n'est pas rare qu'un client s'adresse à son interlocuteur dans une entreprise pour lui demander s'il n'y aurait pas un poste pour son conjoint, son enfant, un neveu. Il est plus rare que l'entreprise engage la démarche dans le sens inverse, alors qu'elle s'adresse à une cible qualifiée. Pourquoi ne pas imaginer des annonces dans le journal d'information, distribué aux clients ? Ou encore de l'information carrière sur le point de vente, mais de façon plus attrayante qu'une simple affiche scotchée à côté des caisses ou sur un comptoir. Un client qui a en face de lui un interlocuteur de l'entreprise qui semble épanoui professionnellement pourra se dire, « c'est un beau métier que celui-là, je vais en parler à... ». Là encore, ne négligeons pas cette parole portée surtout quand les réseaux sociaux deviennent des caisses de résonance de ces propos.

Un moyen interne : la cooptation

Les meilleurs prescripteurs ne sont-ils pas finalement les salariés eux-mêmes ? Qui mieux qu'eux connaît l'entreprise et saura en vanter les qualités ? Qui, mieux qu'un collaborateur de l'entreprise sait si le candidat qu'il coopte est à même de s'intégrer ou non à la culture de l'entreprise ? Le parrainage, la cooptation sont de formidables outils de marketing RH, accélérateurs de candidatures préqualifiées. Chaque salarié peut être impliqué dans des opérations de cooptations qui prévoient le versement d'une prime (ou d'une autre gratification innovante) à celles ou ceux dont les « filleuls » auront effectivement été embauchés. Tout le monde a eu ou aura un chômeur dans son environnement et le fait de pouvoir participer à cette embauche va, au-delà de l'intérêt pour l'entreprise, donner de l'importance sociale et de la fierté à ce parrain coopteur.

La cooptation doit reposer sur une procédure claire et formelle, aux règles transparentes, avec un suivi précis des candidatures pour tenir informé le parrain-coopteur de la suite réservée à son action.

Quel que soit le support de la cooptation, dépliant, intranet, réseau social, la formalisation des processus devra être précise, non contestable et le résultat, par exemple après la période d'essai réussie du nouveau collaborateur, récompensé.

À noter que ces nouveaux outils sont féconds. On assiste désormais à la naissance de la cooptation assistée sur Internet. Une entreprise émet une offre d'emploi sur un réseau social et des sites moteurs vont aller chercher via des coopteurs internes ou externes à l'entreprise les profils correspondant le plus et ces candidats potentiels seront proposés à l'entreprise.

À noter : des sociétés qui ont conçu des programmes de cooptation en ligne proposent aux entreprises de les intégrer dans leur propre système informatique sous forme de marque blanche.

Soulignons pourtant que quelle que soit la forme que revêt la cooptation, elle ne reste qu'une flèche parmi d'autres dans le carquois du recruteur.

Une offre d'emploi sur Internet, c'était, voilà quelque temps, la nouvelle force des recruteurs sur le Web.

Une offre d'emploi à laquelle on peut répondre par un simple clic, que l'on peut envoyer à un « ami », une offre d'emploi sur laquelle l'internaute peut poser des questions et qui devient donc interactive, c'est le Web 2.0.

Une offre d'emploi sur le net à laquelle il est proposé des candidatures qualifiées recherchées sur la « toile » grâce à des moteurs aux algorithmes surpuissants, qui plus est, sur l'Internet mobile, c'est peut-être déjà le Web 3.0.

On lit déjà, ça et là, que la « *big data* » devrait être d'un apport significatif dans le choix de candidats différents auxquels les DRH n'auraient pas pensé. Une fois de plus, il faut répéter aux DRH de bien observer ce qui se passe avec cet afflux permanent des nouvelles technologies dans leur rayon d'actions.

Toutefois 1, 2, ou 3, surfant sur ces vagues très porteuses des réseaux sociaux, n'oublions pas que le contact humain sera toujours important pour, au final, dire : je recrute cette personne-là, qui est en face de moi, réelle et non pas virtuelle.

Les entreprises sont nombreuses à avoir recours à la cooptation pour recruter ». Comme évoqué déjà, les salariés sont ceux qui ont l'idée la plus précise de qui pourrait être la bonne personne à la bonne place et tout naturellement ils peuvent proposer quelqu'un dont *a priori* l'employeur peut être assuré qu'il possédera les prérequis. Dans certaines sociétés, il n'est pas rare qu'un tiers des embauches soit fait par le biais de la cooptation.

Dans un article du magazine *Management* de décembre 2015, le journaliste Bruno Askenazi cite un exemple édifiant : « Un cas d'école ? Le cabinet AD Consultem qui a annoncé sur Twitter et sur Linkedin offrir 350 euros en chèques cadeaux à celles et à ceux qui lui recommanderaient un candidat parmi leurs connaissances, si celui-ci était recruté en CDI. Une opération osée… qui a porté ses fruits : plus de 80 candidatures reçues en deux mois. »

Est-il utile de préciser que le coût de recrutement, via ce processus, est nettement moins onéreux.

Plus souvent mise en œuvre dans les SSII (qui ont fait montre de beaucoup d'imagination pour rivaliser sur les récompenses attribuées aux coopteurs), la cooptation est en train de s'étendre à de nombreux secteurs à travers les réseaux sociaux, qui changent la donne, également, dans le domaine du marketing RH. Nous y reviendrons dans un prochain chapitre.

La grande évolution de la e-cooptation, réside dans la démultiplication et les échanges. Il est évident que l'on « touche » très facilement un ami sur les réseaux sociaux, mais également un ami d'ami, et un ami d'ami d'ami… La puissance potentielle de ces arborescences est d'autant plus importante qu'il est très simple de transmettre une offre d'emploi, un CV par un « clic ». Toutefois, on pourrait penser que cette simplicité constitue un « outil à double tranchant », dans la mesure où ces clics « partager ou envoyer » pourraient être déclenchés sans réflexion préalable.

Cela peut bien sûr être le cas, même si à travers les groupes de discussion ou par la nature de ces réseaux sociaux professionnels, les circulations d'informations, d'offres d'emplois, de CV seront plus réfléchies.

Attention : relais d'opinion, organismes professionnels, clients, salariés, il s'agira de construire pour chaque type de prescripteur, un plan d'action prévoyant les contacts à initier, les informations à fournir, les opérations à organiser.

Entretenir les relations avec les écoles

Une richesse potentielle trop souvent ignorée

Toute démarche de marketing RH doit intégrer une politique précise de relations avec les écoles et, dans ce domaine, les champs d'investigations sont immenses. Il convient de dresser la liste la plus exhaustive possible des filières de formation existantes, des plus généralistes aux plus spécialisées pour dresser une base de données des écoles correspondant au secteur d'activité de l'entreprise. Ensuite, il est intéressant d'établir celle des filières dont sont issues les différentes catégories de personnel de l'entreprise pour, éventuellement, resserrer son champ de prospection. Enfin, il est instructif d'examiner quelles sont les relations, directes ou indirectes que l'entreprise entretient ou devra entretenir avec les écoles cibles identifiées. Pour une entreprise de moyenne taille, le tour d'horizon sera vite fait. Pour de plus grandes structures, décentralisées, on se rendra compte que les liens sont très nombreux, diversifiés dans leur nature, rarement coordonnés et structurés et donc impossibles à apprécier en termes d'efficacité.

Exemple **L'école à l'entreprise**

Dans un lycée professionnel de Saint-Étienne, les travaux pratiques des élèves d'une classe de Terminale, section hôtellerie, ont été faits en situation dans un hôtel de la ville. Pendant une journée, les élèves ont vécu une expérience professionnelle, avec des responsabilités, face aux clients en lieu et place du personnel de l'établissement, qui se place en retrait, en position d'aide et de coaching.
C'est évidemment là une formidable opportunité pour ces élèves de réaliser en grandeur nature ce qu'ils apprennent à l'école.
C'est également la possibilité de choisir concrètement les postes où « ils se sentent » le mieux et le plus à l'aise. C'est enfin une occasion de créer un échange riche entre les employés, les responsables de l'hôtel, les professeurs et les élèves.
Ces journées *in situ* sont bien sûr transposables, avec les adaptations inhérentes aux métiers, à de nombreux secteurs d'activité.

Un travail de longue haleine

Les relations suivies et structurées avec les écoles doivent être pensées dans les mêmes termes que le reste, avec la volonté de se différencier par un niveau de professionnalisme, d'exigence, par des propositions de partenariats originales, une approche cohérente. Ce type de relation doit s'inscrire dans la durée. D'abord, il convient de lister des écoles, des lycées et des instituts universitaires avec lesquels un partenariat ou des relations privilégiées peuvent être engagés ou pour le moins une communication permanente.

Certaines entreprises ont mis en place des programmes d'ambassadeurs, c'est-à-dire de collaborateurs qui représentent la société régulièrement au sein de l'école dans laquelle ils ont suivi leur formation d'origine.

Exemple

Prenons un exemple : en analysant le cursus de sa population d'ingénieurs, l'entreprise se rend compte qu'ils proviennent en majorité d'écoles de province, moins cotées que les grandes écoles mais préparant visiblement bien aux métiers de l'entreprise. L'objectif doit être alors de formaliser des liens qui, le plus souvent, restent ponctuels et informels (via l'association des anciens ou le responsable de l'école en charge des relations avec les entreprises, les interventions des uns et des autres en formation, le versement de taxes d'apprentissage, etc.) pour mettre en place de véritables partenariats prévoyant, par exemple, le financement d'un programme de recherche, des interventions pédagogiques de la part d'ingénieurs au sein de l'école, des visites de sites, des échanges d'information via Internet...
Ce partenariat se prolongera alors naturellement par des offres de stages ou un cursus d'apprentissage dans un cadre conventionnel approprié, puis par des opportunités de recrutement privilégiées.

Dans le cas des grandes entreprises, cette politique sera mise en place par un campus manager, idéalement jeune diplômé et sorti d'une école analogue au public ciblé, qui veillera même à la qualité de l'intégration de ces jeunes et au suivi de leur carrière. Mais en tout état de cause, et qui plus est si les besoins de recrutement sont massifs et à des niveaux d'études inférieurs, il s'agira d'identifier une personne qui aura le rôle de suivi avec d'autres types d'écoles, à commencer par les écoles professionnelles qui forment des titulaires de CAP ou de Bac Pro.

Une véritable politique de relations avec ces écoles se traduira par des actions récurrentes selon les établissements, les régions à partir d'une base de données permettant de sérier les écoles et d'assurer un suivi précis de ces relations : montant des taxes d'apprentissage versées, visites pour présenter l'entreprise, nombre de stagiaires, nombre de contrats d'alternance…

Dans un article du *Parisien Économie* du 11 janvier 2016, intitulé « Les futurs techniciens se recrutent sur les bancs de l'école », la journaliste Céline Chaudeau écrit : « Énergie, informatique, maintenance : quel que soit le secteur, les techniciens sont devenus des profils si rares que les entreprises doivent les attirer de plus en plus tôt… Même chez le leader mondial de l'ingénierie et du conseil en technologie, on ne cache pas sa difficulté à trouver suffisamment de techniciens. » Dans ce même article, Stéphane Dahan, directeur du recrutement chez Alten, déclare : « 70 % des profils trouvent un job avant même d'être diplômés et les autres dans les quatre mois… Nous avons noué des partenariats avec une cinquantaine d'établissements, nous organisons environ 200 actions écoles et participons à plus de 100 forums par an ».

Il n'y a plus le choix, la présence des entreprises dans les écoles de business ou d'ingénierie est déterminante pour attirer les talents. Il faut donc organiser une présence sur les campus de ces écoles. Thales a bien compris l'enjeu et a développé un réseau de 80 campus managers.

Campus manager, un métier !

Le campus manager, un métier à part entière qui crée une relation permanente avec l'école et va permettre par exemple d'être mieux placé que les autres entreprises concurrentes sur tel ou tel forum, ou d'identifier tel ou tel candidat potentiel dans une école cible. Le campus manager sera également un garant pour éviter de recruter des diplômés « clones » qui finissent par instiller de la « consanguinité » professionnelle.

• • •

• • • C'est pourquoi il est important que ce spécialiste des relations avec les écoles ouvrent les portes de l'université, même si les interlocuteurs sont quelque fois difficiles à identifier.

Ce qui est vrai pour l'enseignement supérieur l'est aussi pour les relations que doivent initier les entreprises locales et les PME avec les lycées et les écoles professionnelles de leur région. Dans ce cas, ce sera une relation interpersonnelle de proximité qui « fera la différence ».

Exemples

Le groupe AccorHotels organise tous les ans un challenge *on line* pour les étudiants : *Take off !* Ce concours a été proposé dans les écoles de management hôtelier, les écoles de commerce et les universités pour une compétition en trois étapes sur le thème du développement durable dans l'industrie hôtelière. Cette démarche a permis d'accroître l'attractivité du Groupe auprès d'un public d'étudiants élargi. Le taux de participation a démontré un large succès du projet : 36 000 votes, 32 écoles et universités participantes représentant 9 pays. Les raisons du « beau décollage de *Take Off* » résident dans le fait que ce concours a été élaboré avec les étudiants et pour les étudiants.

Schneider Electric a également lancé un concours mondial pour les étudiants baptisé « Go green in the city ». Il est fondé sur des études de cas de nouvelles solutions énergétiques.

Même Google, qui ne manque pas d'attractivité en tant qu'employeur, a créé son concours, « Google Science Fair », ouvert aux élèves de 13 à 18 ans, pour valoriser ses métiers.

Ces compétitions, dotées généralement de belles récompenses comme des voyages d'études, sont de plus en plus fréquentes.

Témoignage

La mission du département Talent Acquisition est de préparer les ressources humaines dont le Groupe aura besoin demain et de créer une relation privilégiée et enrichie avec des étudiants et postulants potentiels chez AccorHotels.

• • •

Mon équipe est composée d'un campus manager et d'une apprentie d'une de nos écoles cibles.
Nos actions sont de trois ordres :
Le développement de notre marque employeur et de sa promesse RH que nous expliquons à travers une stratégie multicanale.
Le sourcing via des forums carrières digitaux ou sur place dans les écoles de commerce et des présentations des activités d'AccorHotels.
Le learning à travers des interventions en Master Class, l'élaboration d'études de cas ou la participation à des thèses d'étudiants.
En parallèle de ce programme d'actions, nous animons des réseaux : réseaux sociaux dont Facebook, Twitter, Pinterest et Linkedin où nous avons des groupes de discussions avec les étudiants.
Un réseau d'ambassadeurs d'AccorHotels, composé d'étudiants dans chacune de nos 14 écoles cibles. Ils ont un double rôle qui consiste à publier des informations d'AccorHotels sur Linkedin et à animer, au moins une fois par an, un événement sur le Groupe dans l'école.
Enfin, nous sommes le premier contact avec les apprentis et stagiaires qui souhaitent acquérir une expérience dans notre groupe.
Cette politique de Talent Acquisition est permanente et s'appuie sur une présence régulière dans l'ensemble de nos écoles cibles.

Fabrice Tessier – Talent Acquisition senior vice-président chez AccorHotels

Concours, *social games*… et l'importance des jeux sur Internet baptisée « gamification » participent à la mise en place de la marque employeur des entreprises chez des publics potentiellement candidats.

Danone a lancé une nouvelle version d'un jeu en ligne (trust.danone.com) pour faire découvrir, en particulier, tous ses métiers aux futurs candidats.

La SNCF souhaite, grâce à son *serious game*, attirer des ingénieurs pour les années à venir. C'est le cas de nombreuses entreprises françaises qui ont des besoins en nombre de ces ingénieurs et dont la sortie annuelle des promotions ne suffit pas à répondre aux besoins des entreprises.

Comme nous l'avons vu avec la cooptation, les nouvelles technologies sont une source d'innovation importante en matière de marketing RH et dans les relations avec les écoles. L'entreprise peut aider certaines filières, quelquefois sous-équipées, à familiariser leurs élèves avec de nouveaux matériels professionnels (machines, équipements techniques), et bien sûr avec les outils informatiques tout en leur apportant du contenu, des animations et à terme, des aides à la recherche de stages ou d'emplois en ligne. Sans doute des pistes peuvent être explorées en matière d'e-learning, l'entreprise partageant alors son expertise sur des sujets spécifiques. À chaque fois, l'idée est de permettre aux élèves de progresser en général mais aussi de leur apporter un enseignement qui les positionnera avantageusement pour faire acte de candidature ultérieure dans l'entreprise sponsor. Cette démarche pourra également viser les professeurs et les responsables d'établissements qui pourront mieux connaître les atouts de l'entreprise, ses nouveaux métiers, et donc devenir là aussi des prescripteurs.

Ces approches ne doivent jamais apparaître comme arrogantes ou hégémoniques, et doivent être suivies et durables. Les entreprises qui se donneront ces moyens redécouvriront vite tout le profit qu'elles peuvent tirer, à plus ou moins moyen terme, de cette source de recrutement insuffisamment exploitée ces dernières années.

Par là même elles poseront les bases, auprès de ces étudiants et de leurs enseignants, d'une image employeur crédible.

Parmi les outils importants du marketing RH, en particulier dans les entreprises décentralisées, le guide du recrutement devient essentiel pour les différents recruteurs. Ce guide devient l'instrument indispensable de la cohérence des pratiques de recrutement sur le fond et la forme.

Exemple

Le guide pratique de la communication de recrutement

Élaboré par la direction marketing RH d'une grande entreprise de services, bilingue français/anglais, le guide pratique de la communication de recrutement du groupe expliquait la façon dont avait été conçu le positionnement ressources humaines, comment il se déclinait en termes de messages écrits et visuels en insistant sur l'importance de sa cohérence avec l'image institutionnelle. On y trouvait la liste détaillée des formats d'annonce disponibles, exemple d'annonces à l'appui. Ensuite, le guide expliquait point par point l'élaboration d'une annonce de recrutement : mise en page, couleur, forme, contenu, mentions légales, accroche, signature... Il donnait des conseils pour rédiger une bonne annonce en fonction des publics visés : des textes étaient fournis pour la présentation de chaque marque, des conseils proposés pour la rédaction des annonces, en fonction de leur format. Les règles d'utilisation des logos étaient ensuite rappelées. Enfin, il était expliqué comment publier l'annonce de recrutement et comment recruter sur Internet. Un CD-Rom était inclus dans le guide pour servir aux prestataires externes. Le contenu de ce CD était téléchargeable sur l'intranet du groupe pour décliner la campagne dans une série d'outils de marketing RH à utiliser dans les salons emplois, dans les forums des écoles...
Mais plus qu'un guide pratique, ce document rappelait les engagements du groupe en matière de recrutement. C'était notamment le cas pour la politique de diversité qui y était explicitement exprimée : « Nous nous engageons à interdire toute sélection fondée sur des motivations non professionnelles : religion, âge, sexe, opinions politiques, origine ethnique, handicap, appartenance syndicale... et plus généralement, appliquer la réglementation de chaque pays favorisant la diversité et l'égalité des chances ».

Au-delà des règles de formalisation d'annonces de recrutement, les entreprises et leurs directeurs des ressources humaines devront donc également édicter des principes de recrutement, particulièrement en termes de non-discrimination. Ces principes devront également traiter des outils de recrutement utilisés et écarter explicitement des tests non validés par l'entreprise.

Toute cette stratégie *d'employer appeal*, concrétisée par un plan d'actions marketing RH, va positionner l'entreprise de façon plus attractive sur le marché de l'emploi. Les deux objectifs fondamentaux restent donc d'une part d'attirer pour recruter les bons candidats et d'autre part de fidéliser des collaborateurs motivés.

Pour ce qui concerne le recrutement, grâce à ces premières phases du marketing RH, l'environnement, le contexte, l'*a priori* seront donc meilleurs pour les candidats potentiels. Il n'en reste pas moins qu'il faudra recruter mieux et différemment, puis accueillir/intégrer dans les règles de l'art pour, au final, fidéliser des collaborateurs impliqués. Et pour ce faire, la créativité, les nouvelles façons de faire, mais aussi des innovations sociales seront de mise. Ce n'est pas là le moindre des apports de l'esprit marketing RH et le moindre des enjeux du directeur des ressources humaines.

L'essentiel

- **Inscrire chaque action** dans un plan d'ensemble structuré. Ne pas faire du « coup par coup ».
- **Mettre en place** une politique de relations avec les écoles sans *stop and go*.
- **Utiliser la cooptation**, un moyen efficace et moins coûteux.

Chapitre 3

Diversifier le recrutement

Executive summary

- **Ce chapitre va décrire** l'importance du rôle des réseaux sociaux dans ce que l'on appellera le e-marketing RH.
- **Établir** une stratégie digitale RH de l'entreprise.
- **Ne négliger aucun segment** de recrutement.

Du sur-mesure...

L'ère du recrutement de masse est révolue et pour réussir sa stratégie d'*employer appeal*, il faut faire évoluer les schémas anciens de traitement des candidatures et les pratiques qui en découlent. Pourquoi ? D'abord parce que, comme nous l'avons vu, la main-d'œuvre qualifiée disponible est globalement en voie de raréfaction, en tout cas difficile à séduire et que, dans un contexte de compétitivité accrue, les entreprises ont de plus en plus besoin de recruter des profils spécifiques. Il ne suffit plus de sortir le panneau « Aujourd'hui, embauche » sur la porte de l'usine, ou de faire passer une annonce pour recevoir des candidats qualifiés, *a fortiori* de bons candidats. Il s'agit de faire de plus en plus du sur-mesure.

... À la mesure

Tout comme lorsqu'il s'agit de conquérir un client, recruter coûte cher. C'est pourquoi surtout dans un contexte de « guerre des talents » selon la formule consacrée, il faut assurer le retour sur ces dépenses. Car de même qu'on parle de coût d'acquisition d'un client dans certains secteurs d'activité à forte valeur ajoutée, de même il est normal de parler de coût de conquête ou de remplacement d'un collaborateur – coût dont aujourd'hui peu d'entreprises ont véritablement un chiffrage précis. Si tel était le cas, les DRH prépareraient davantage leurs recrutements et leur politique de fidélisation. Quand un marché est en forte ou très forte expansion, comme on l'a vu par exemple avec celui de la téléphonie mobile, les opérateurs se soucient peu du coût d'acquisition des clients qui reste marginal par rapport aux bénéfices réalisés. Mais que ce marché stagne, on découvre alors les dangers de ce que les commerciaux appellent le *churn*, à savoir la désaffection d'un client que l'on croyait fidélisé. De même, demain, justement parce qu'il faudra gérer de nouvelles exigences, les directeurs de ressources humaines devront disposer d'indicateurs précis pour justifier des actions au fur et à mesure que les efforts à déployer pour conquérir de nouveaux candidats seront importants. Ils devront fournir aux directions utilisatrices, des chiffres justifiant la validité de leurs investissements. Aujourd'hui il est évident que la démarche, telle que nous l'avons décrite et qui aboutit à la mise en œuvre d'un plan marketing RH, est un élément de rationalisation et de meilleure visibilité des dépenses, à mettre en regard avec les résultats obtenus.

Des solutions à portée de main

En réalité, sans avoir besoin d'investir d'emblée dans des systèmes d'information et des solutions technologiques, il est possible d'optimiser les coûts de recrutement et de fiabiliser celui-ci grâce à une série d'actions simples que nous détaillerons dans ce chapitre. Enfin, dans l'univers complexe de notre société, hyper-médiatisée mais comportant paradoxalement de plus en plus de zones où la communication traditionnelle passe difficilement, il faut plus que jamais savoir sortir des sentiers battus pour avoir une chance de rencontrer celles et ceux qui sont susceptibles de travailler dans l'entreprise. Les médias traditionnels sont insuffisants car ils sont dépassés par des nouveaux médias sociaux en mouvements permanents. La question est maintenant de savoir comment recruter le bon profil, au bon endroit et au bon moment. Plus que jamais, faisons preuve d'imagination !

Le recrutement, et avant ?

Reprendre l'initiative

Certains dénoncent le fossé qui semble séparer le monde de l'enseignement de celui de l'entreprise, le moment où les jeunes apprennent et celui où ils entrent dans la vie active, professionnelle. D'où les difficultés que rencontreraient certaines entreprises pour recruter. L'objectif n'est pas ici d'analyser les causes de cette désaffection supposée mais de rechercher des solutions qui, bien souvent, ne sont que la remise au goût du jour de recettes qui ont fait leur preuve en leur temps.

Une chose est claire : les entreprises ne peuvent pas attendre que d'aucuns se substituent à elles pour résoudre leurs problèmes de recrutement. Il leur faut multiplier les initiatives. Le temps, qui paraît si lointain, est révolu, où le fils rejoignait l'usine dans laquelle travaillait son père, y entrant comme apprenti avant d'y devenir ouvrier et parfois contremaître. Ce modèle que les moins de 50 ans ne peuvent pas connaître... est évidemment dépassé et les possibilités d'évolution sont heureusement, dans bien des cas, supérieures.

Ce n'est pas une raison pour ne pas s'ouvrir au public, réinventer d'autres façons de faire découvrir son entreprise et de susciter des vocations. Obsédées par le court terme, gérant leurs ressources au coup par coup, nombre d'entreprises semblent avoir oublié ce qui se pratiquait autrefois, quand il s'agissait d'attirer les enfants du baby-boom.

À la rencontre de ses publics

Qui n'a pas, dès sa prime jeunesse, rêvé de faire un métier parce qu'il avait vu quelqu'un l'exercer avec passion ou parce qu'il en voyait d'abord les côtés les plus positifs ? Dans les grandes villes, à l'heure d'Internet et des jeux vidéos, les occasions de contact sont plus limitées mais restent en tout cas sous-exploitées. C'est bien ce contact direct qu'il faut recréer pour préparer les recrutements futurs. Au même titre qu'une concession automobile organise le dimanche une journée portes ouvertes, pourquoi l'usine d'assemblage, de métallurgie, de micro-électronique locale n'organiserait-elle pas une visite commentée ? En visitant les usines, on se rend compte à quel point les métiers qu'on y exerce sont divers et combien les conditions de travail sont différentes de l'idée que l'on s'en fait !

Cette façon de montrer ce que l'on fait, ce que l'on est, vaut également pour les petites et moyennes entreprises et les artisans, là, où la démonstration de l'importance du geste sera concrètement observée. C'est en quelque sorte l'antithèse du « virtuel ».

Exemple **Recrutements *in situ***

En Allemagne, où la culture industrielle est plus valorisée qu'en France, Volkswagen a toujours ouvert au public son usine de Wolfsburg.
Au Brésil, telle grande chaîne hôtelière internationale a exhumé une idée simple en organisant la visite de ses établissements pour les familles de ses employés de façon à susciter de nouvelles vocations.
Plusieurs chaînes de magasins distribuent des dépliants de recrutement sur leurs différents points de vente. Un mini CV détachable peut être rempli (coordonnées, formation, expérience...) et être déposé dans une urne.
Ces actions s'adressent à leurs clients qui sont considérés, en l'occurrence, comme d'éventuels candidats ou des prescripteurs de candidats.
Attention : la prestation de services délivrée devant ces clients ne doit pas être l'expression concrète du contraire de ce qui est décrit dans les brochures proposées.
Toutes ces actions ne doivent pas empêcher bien sûr l'incitation à aller sur le site Internet de l'entreprise quasiment simultanément et facilement grâce à un « flash code » photographié avec un smartphone.

Avant-vente et après-vente

À chaque fois que c'est possible, il s'agit de préparer le recrutement en suscitant des contacts directs, en informant les publics cibles des activités, des pratiques et des potentialités offertes dans son entreprise. Ce travail, qui ne produit pas de résultats immédiats, est en revanche un formidable accélérateur pour les recrutements futurs. Ainsi, comme nous l'avons vu avec la fonction de campus manager, des entreprises proposent à leurs jeunes ingénieurs de devenir leurs ambassadeurs dans leur école d'origine en entretenant des contacts avec l'association des anciens élèves, en y diffusant les offres d'emploi, organisant des conférences, participant à des forums, toutes ses actions étant désormais amplifiées grâce aux réseaux sociaux personnels ou professionnels.

Là encore, cette démarche n'est pas réservée aux grandes entreprises, ni dédiée à des grandes écoles uniquement. Dans une PME, une personne, diplômée de tel lycée professionnel pourra mettre en place ce système de relations avec cet établissement scolaire. Qui en effet de plus crédible qu'un « ancien » jeune diplômé parlant à de jeunes diplômés ?

Les grandes entreprises n'ont pas le monopole de ce type d'approche sur les campus. Les entreprises de taille plus modeste ont aussi des arguments à faire valoir auprès des écoles, grandes ou petites : la proximité, la possibilité d'accéder rapidement à des postes de direction générale...

Donner aux stages leurs lettres de noblesse

Les stages peuvent être comparés à une forme d'apprentissage tel qu'il était aux métiers dits « manuels » et à l'industrie traditionnelle. À ce titre, ils doivent également être intégrés dans la stratégie de recrutement ou de pré-recrutement des entreprises, au moment où les opportunités se font plus rares. Si en pratique, la tendance est que de plus en plus de stages débouchent sur des embauches, la proportion de celles-ci reste encore trop faible par rapport au nombre total de ces stages. Plus grave, les stagiaires sont encore trop souvent confinés à des tâches sans relation réelle avec le métier de l'entreprise qui les accueille et ne sont pas réellement pris en charge, d'où un sentiment de manque de considération. Cette façon de gérer les stagiaires est rétrograde et détériore l'image-employeur de l'entreprise.

Histoire vraie : un stagiaire qui avait le choix final entre deux entreprises dont l'une extrêmement prestigieuse décida d'opter pour l'autre, moins connue. À la question pourquoi, sa réponse a été sans ambiguïté. Dans la première, dit-il, j'ai été reçu avec 45 minutes de retard par une personne qui ne savait pas qui j'étais et à quelle offre je répondais. Dans la deuxième, on m'a proposé un café et mon maître de stage m'a accueilli personnellement, à l'heure dite et en m'appelant tout de suite par mon nom.

Cet exemple montre bien que la notoriété de l'entreprise ne peut pas « tout lui permettre ». J'ajoute que ce stagiaire a sans doute fait part de son expérience sur Facebook.

Souvenons-nous que dans les années quatre-vingt-dix, « au siècle dernier », il était dit qu'un client satisfait le répétait à 5 ou 6 personnes alors qu'un client insatisfait en parlait à 10 ou 11. Si on transpose cette règle à notre époque, les proportions sont sans doute les mêmes à l'exception toutefois, qu'il faudrait vraisemblablement dire que via Internet et les réseaux sociaux, cette transmission de mécontentement se partage avec 100, 1 000, 10 000 personnes...

De plus, on le sait, des sites spécialisés recueillent aujourd'hui les avis de salariés d'entreprises ou de candidats qui « notent » les employeurs.

Non seulement les stagiaires ne doivent plus être considérés comme une main-d'œuvre d'appoint bon marché mais l'entreprise doit respecter, encadrer et reconnaître leur travail.

Il est devenu légitime par exemple d'inviter le stagiaire aux réunions, lui donner la parole, l'écouter... Le respect doit se manifester dès le premier jour. Les entreprises doivent soigner l'accueil... Le stagiaire doit être considéré comme un futur candidat

Les défilés et les manifestations spectaculaires des stagiaires repris dans tous les médias ont permis de mettre en lumière le peu de considération qu'ont encore beaucoup d'entreprises envers eux. De leur côté, de plus en plus d'écoles de commerce, par exemple, s'assurent, grâce à un professeur tuteur, tout au long du stage, de l'intérêt des missions demandées par les entreprises.

Les entreprises doivent bien accueillir des stagiaires c'est-à-dire les intégrer aux équipes et les mettre dans les meilleures conditions de départ pour qu'ils réussissent leur stage et leur mission. La motivation en sera d'autant plus vite acquise. Le stage va ainsi permettre au stagiaire de connaître l'entreprise, ses métiers, ses collaborateurs, son organisation, ses pratiques tandis que celle-ci peut déjà évaluer ses aptitudes. En considérant ses stagiaires comme des candidats potentiels, l'entreprise se constitue un vivier de compétences dans lequel elle pourra puiser, le cas échéant. Si le stagiaire est satisfait et que l'entreprise souhaite l'embaucher, il lui donnera sans doute la préférence sur une offre concurrente. Même si le stage ne donne pas lieu à un recrutement, le stagiaire satisfait fait la promotion de l'entreprise d'accueil auprès de ses camarades et dans son entourage, il devient porteur de son image, ce qui ne manquera pas de générer des candidatures nouvelles et plus généralement un discours positif sur l'entreprise.

Trouver un stage est souvent le fruit d'une démarche structurée de la part des candidats, dans le sens où ils vont établir des critères pour choisir et postuler. C'est une approche du même type que les entreprises doivent adopter vis-à-vis d'eux et de leurs écoles. Pour l'entreprise, il convient de mettre en place des grilles de recrutement des stagiaires pour valider et qualifier le besoin exprimé par les responsables et de prévoir des outils de communication, de tests et d'évaluation pour faciliter l'intégration des stagiaires et s'inscrire dans une logique d'objectifs réciproques précisément définis. D'ores et déjà, les politiques de stage font l'objet de conventions de plus en plus « professionnelles » entre les universités ou les écoles de formation, les étudiants eux-mêmes et les entreprises.

Face à cela, l'entreprise ne devra tout de même pas avoir peur de dire que le stagiaire a, certes, des droits mais aussi des devoirs qu'il est bon de formaliser.

Exemple **La charte d'accueil de stagiaires**

Chaque stagiaire devrait se voir remettre à son entrée un document qui contient un message d'accueil signé d'un dirigeant, qui rappelle les engagements de l'entreprise envers le stagiaire (« vous rencontrer avant votre arrivée, vous accueillir, vous encadrer, vous former, vous suivre ») en détaillant chaque point, qui décrit les métiers exercés dans leur variété. Cette charte pourrait contenir également :

– le *modus operandi* entre le stagiaire et le tuteur rappelant les engagements respectifs de chacun ;

– un « questionnaire de satisfaction » à remplir par le stagiaire à l'issue de son stage, et à renvoyer (enveloppe affranchie fournie) pour un traitement anonyme par une entreprise extérieure.

Réapprendre l'apprentissage

Plus impliquant que la convention de stage, le contrat d'apprentissage (ou le contrat de professionnalisation) présente aussi des potentialités évidentes en terme de recrutement que les entreprises doivent mieux exploiter pour préparer les recrutements futurs. Une alternance est organisée entre l'entreprise et l'école, selon des modalités dépendant principalement du cursus suivi. Le contrat d'apprentissage est-il déjà une forme de pré-recrutement pour les entreprises ? Oui, dans la mesure où, en examinant les chiffres, on constate que 80 % des jeunes sont embauchés à l'issue de leur formation. Non, car il en reste 20 % qui quittent l'entreprise d'accueil à l'issue de leur contrat, voire pendant l'apprentissage. Est-ce à dire qu'on n'a pas su les retenir ? Non pas forcément car certains souhaitent continuer leurs études.

Exemple **Les apprentis parlent aux apprentis**

Dans certaines entreprises, le suivi des apprentis est particulièrement organisé et par exemple confié à un ancien apprenti, donc particulièrement sensibilisé aux problèmes que ceux-ci peuvent rencontrer face aux salariés ayant suivi un autre cursus ou déjà intégrés dans l'entreprise.

De plus, les apprentis qui sont embauchés dans l'entreprise vont se voir offrir de travailler dans un lieu différent de celui où ils ont suivi leur apprentissage, ce qui permet d'éviter, face à leurs nouveaux collègues d'être « vus » comme des anciens apprentis et donc d'être payés en conséquence.

Par ailleurs, les modes de communication utilisés avec cette population encore jeune sont adaptés à leurs habitudes (SMS, réseaux sociaux...) de façon à maintenir un lien permanent entre eux et leur parrain qu'est l'ancien apprenti. Moyennant quoi, ces apprentis restent très majoritairement fidèles à l'entreprise qui les a accueillis en apprentissage.

À noter : la France compte 3 à 4 fois moins d'apprentis que l'Allemagne. Pourtant, ce pays se considère confronté à une pénurie de plus en plus importante d'apprentis. Les entreprises allemandes cherchent donc à accroître leur attractivité auprès de ce public. Le ministre de l'Emploi encourage cette démarche en soulignant que « les travailleurs qualifiés vont devenir rares et les entreprises qui forment des apprentis sauvegardent leur avenir ».

Mais dans certains secteurs d'activité, il est plus difficile de retenir des compétences qui font l'objet d'une demande forte sur le marché. Raison de plus pour les suivre attentivement. En tout état de cause, garder les apprentis après leur formation devient un enjeu majeur alors que la pression concurrentielle s'accroît sur tous les métiers. Il faut pour cela que l'entreprise étudie les motivations de ses apprentis et cherche, le cas échéant, à les faire évoluer. L'alternance, qui est une façon pour le jeune de financer ses études et préparer son projet professionnel, peut déboucher sur une volonté d'intégration pour peu que le salaire et le plan d'évolution proposés par l'entreprise soient motivants. Ainsi, un grand groupe de BTP parvient à conserver ses apprentis en les gérant comme de hauts potentiels et en les faisant changer de service et de fonction en cours de cursus. Ce qui est valable pour un grand groupe devrait l'être tout autant sinon davantage encore pour une PME. La difficulté est souvent liée à la question du tutorat mais on peut imaginer que par exemple, chez les artisans, cette transmission du savoir est très culturelle et se fera naturellement.

Le rôle du tuteur ou de l'encadrant est fondamental. Il doit établir « les règles du jeu » et bien faire comprendre à l'apprenti qu'il est là pour apprendre mais qu'il n'a pour autant pas le loisir d'arriver en retard ou de manquer une heure comme il peut quelquefois le faire à l'école. Cette forme de transmission de valeurs participe également à la qualité des ressources humaines de l'entreprise et donc à son image de sérieux. Comme dit le chef cuisinier Thierry Marx : « L'apprentissage, c'est transmettre des valeurs d'homme à homme. »

En tout état de cause, une entreprise bien managée, quelle que soit sa taille, doit être en mesure de former ses apprentis et de les retenir si elle le juge souhaitable.

Exemple **Première expérience**

Une chaîne d'hôtels a réalisé des mises en situation professionnelle pour le recrutement d'apprentis. Les candidates potentielles se sont rendues dans un hôtel pour évaluer leurs compétences sur le poste de femme de chambre et afin de découvrir le métier. Les recruteurs ont ainsi pu observer leur intérêt et leur savoir-faire pour ce travail. Cette première expérience de recrutement d'apprentis a été positive et reconduite.

Les managers doivent faire évoluer leur vision trop souvent stéréotypée de l'apprenti. En revanche, les écoles doivent également faire des efforts pour structurer les modes d'alternance proposés, quelquefois inadéquats. En effet, les durées d'absence en entreprise sont quelquefois trop longues. Un bon rythme est sans doute d'alterner deux semaines en entreprise, avec une semaine à l'école. En tout cas, l'alternance est en général une mine inexploitée, particulièrement en tant qu'excellent sas d'adaptation et de progrès entre vie estudiantine et vie professionnelle. A priori, l'apprenti est considéré comme peu productif, difficile à manager. Or il a des qualités spécifiques, pas ou peu exploitées : possédant un œil neuf, il peut étudier son travail en classe et revenir avec des solutions novatrices, il est aussi un observateur de ce qui se passe dans les autres entreprises grâce à ses camarades. Enfin soulignons que l'intégration des stagiaires et des apprentis, comme nous le verrons pour les nouveaux embauchés, doit faire l'objet d'une attention renforcée. Ces modes de « pré-recrutement » sont sans doute les plus prometteurs et les plus avantageux mais ils restent à consolider en France, et ce, quels que soient les diplômes préparés.

Dans leur livre *Alternance, cultivez les talents de demain* (Dunod) Stéphanie Pougnet et Antoine Permaforte écrivent dès l'introduction que « l'alternance porte de forts enjeux pour les jeunes certes, mais aussi pour les entreprises. Quand les premiers recherchent l'accès à de nombreuses formations et la garantie d'un emploi permettant l'insertion professionnelle et sociale, les seconds visent l'assurance de la prise en compte de leurs besoins en compétences, qui émergent parmi diverses familles professionnelles de différents territoires ».

Les habits neufs de l'intérim

Le recours à l'intérim permet à l'entreprise, dans certains cas, de faire face à un accroissement temporaire d'activité et sera sans doute aussi précieux dans un contexte de raréfaction des ressources qualifiées, qui plus est, en intégrant des professionnels qui sont, de fait, très vite opérationnels. Mais c'est déjà une porte ouverte sur l'emploi pour les salariés recrutés dans ce cadre. Certains peuvent, après cette période de découverte mutuelle, voir ce contrat d'intérim se transformer en contrat à durée indéterminée avec l'entreprise. Ces embauches définitives se feront d'autant plus souvent que la société de travail temporaire aura bien identifié les besoins, les métiers et surtout les niveaux d'exigences, voire les valeurs, de l'entreprise cliente. C'est pourquoi le choix de cette société d'intérim par l'entreprise doit faire l'objet de la plus grande attention, d'une relation suivie et régulièrement évaluée. Aujourd'hui, l'intérim ne doit plus être considéré comme une solution marginale, d'autant moins que le marché est constitué majoritairement d'acteurs de plus en plus professionnels, qui sont devenus des entreprises à part entière. N'est-ce pas l'occasion d'établir de véritables partenariats pour mieux anticiper les besoins à venir, la société d'intérim devenant un relais de l'entreprise cliente au plan de son attractivité ? Ces partenariats devront notamment reposer sur la prise en compte des exigences de l'entreprise quant à son image-employeur de façon à rester cohérente par rapport à ses différents publics, internes et externes. En effet, l'intérim ne doit pas apparaître à l'intérieur de l'entreprise comme une solution de rechange mais comme une opportunité supplémentaire de pré-recrutement. À l'externe, l'intérim ne devra pas être perçu comme un simple outil de gestion des flux mais comme s'inscrivant dans une politique de recrutement plus globale.

Notons une nouveauté : le CDI intérimaire qui permet des missions allongées pouvant aller jusqu'à 36 mois. C'est l'agence d'intérim qui est employeur et qui a l'obligation de trouver du travail à son salarié.

Soulignons enfin que certaines entreprises d'intérim se spécialisent sur des secteurs d'activités. Les relations qu'entretiennent les PME avec elles seront d'autant plus importantes qu'elles peuvent constituer une réponse immédiate à un besoin urgent mais également une sorte de « période d'essai » simple à mettre en œuvre pour un éventuel recrutement prochain.

Dans un article de Céline Chaudeau dans *Le Parisien Économie* du 29 février 2016, intitulé « Intérim, les cadres s'y mettent », on peut lire que chez Adecco, « 36 % des missions d'intérim se transforment dans les deux ans en long CDD ou CDI ».

La nouvelle feuille de route de Pôle Emploi

Résultat d'une élaboration participative, Pôle Emploi affiche l'ambition de devenir un service public de référence. Les entreprises, petites ou grandes, doivent savoir se rapprocher de leurs interlocuteurs de Pôle Emploi pour innover avec eux, et en tout état de cause s'appuyer sur des dispositifs de retour à l'emploi et de les inclure dans leur politique de recrutement. Deux exemples : la période de mise en situation en milieu professionnel (PMSMP). Ce dispositif permet à l'entreprise de faire découvrir ses métiers ou son secteur et de favoriser l'accès à l'emploi de personnes en insertion ou en reconversion. Cette évaluation permet également lors d'un essai court et encadré de jauger de la qualité et du potentiel d'un candidat avant d'initier une embauche.

Autre dispositif, la préparation opérationnelle à l'emploi (POE) est une aide à la formation avant l'embauche. Elle facilite ainsi le recrutement en allégeant le coût de la période de formation d'un demandeur d'emploi dont le potentiel a été identifié par le recruteur.

Mais Pôle Emploi doit veiller, lui aussi, à la concurrence. Le Bon Coin, qui est devenu l'un des sites de petites annonces de toutes sortes le plus consulté en France sur une période de 10 ans, évolue très vite et mise sur les offres d'emploi. Désormais doté d'une application pour mobile, il permettra au chercheur d'emploi de trouver plus aisément l'offre qui lui correspond dans sa région.

Segmentation et anticipation

Pour certaines fonctions, moins qualifiées et pour lesquelles les règles habituelles de recrutement se révèlent peu efficaces, des entreprises innovent déjà en mettant en œuvre de nouvelles méthodes pour capter des individus qui, dans le système traditionnel, étaient des « laissés pour compte ». Inversement, des trésors d'ingéniosité et de moyens continuent à être déployés pour chasser les « forts potentiels », même si les tensions de ce marché évoluent en permanence. Ce qui restait l'exception devient la règle avec une approche marketing RH : à chaque segment de population ciblée en amont vont correspondre un ou plusieurs canaux de recrutement spécifiques. Dans certains cas, il va même falloir imaginer combiner une série d'actions réparties dans le temps.

L'anticipation gagnante

Le temps est aussi un facteur à mieux prendre en compte. Il faut en effet chercher le plus possible à anticiper pour maximiser ses chances de succès. L'idéal est de combiner segmentation et anticipation :

- segmentation pour toucher la cible à travers le ou les médias/ actions adaptés ;
- anticipation pour être les premiers à la toucher et donc avoir un avantage sur ses concurrents.

Cela nécessite, comme nous l'avons vu, la mise en place d'une veille permanente pour référencer l'ensemble des supports, médias, événements, susceptibles d'être utilisés en recrutement.

Exemple **L'exemple des journaux gratuits**

Prenons un exemple, les journaux gratuits distribués dans les métros des grandes agglomérations. Comme l'ont révélé des études, ces journaux gratuits sont lus par des personnes qui en majorité, ne lisent pas de quotidien payant. Ils touchent un très large lectorat, dont la caractéristique commune est évidemment de se déplacer. On y retrouve toutes les catégories sociales et donc socioprofessionnelles.

Optimisation du ciblage

Surdiffusion dans les écoles et création de points de distribution comme par exemple devant des agences Pôle Emploi.
Les journaux gratuits touchent également les urbains actifs. En outre, ces publics sont plus facilement accessibles, disposant de temps pour lire pendant leur transport d'un espace à un autre.
Le journal gratuit permet de faire paraître des annonces de recrutement détaillées, mieux ciblées, donc plus efficaces. De là, on peut donc facilement déduire que les journaux gratuits qui ont désormais un prolongement « on line », représentent un bon support pour toucher une population urbaine, mobile, d'actifs, d'étudiants et de personnes souvent à la recherche d'un emploi. Sur cette base assez large il est possible, comme nous le verrons, d'opérer une segmentation plus fine, à travers l'annonce elle-même.

Bien évidemment, les journaux gratuits ne représentent qu'un exemple de canal de recrutement, adapté dans certains cas et pour des profils particuliers, inadapté dans d'autres. D'ailleurs les journaux gratuits sont désormais challengés par l'ensemble de la presse écrite qui est également « en ligne » et qui est donc lue également sur les smartphones et sur les tablettes pour partie, gratuitement.

Pour chacun des moyens disponibles, il convient de mettre en regard l'ensemble des données dont on dispose pour juger de la pertinence du choix en fonction des segments visés.

Exemple **Un exemple « à louer »**

Sous le titre « Kiloutou expérience », afin de recruter différemment, il est à noter une action originale décrite dans *Le Parisien Économie* (supplément du 15 février 2016) – rédacteur en chef des suppléments : Jean-Louis Picot – : « Kiloutou a organisé un événement atypique : les candidats à un emploi chez le spécialiste de la location de matériels ont pu se rendre au Grand Palais de Lille pour rencontrer des collaborateurs. Au programme, des échanges au "bar à discussion" ou des séances de "speed recruting" dans des contextes liés aux activités de l'entreprise – une nacelle de chantier par exemple. »

Questions de choix

Dans le choix des canaux de recrutement, deux éléments doivent systématiquement entrer en ligne de compte :

- La première question évidente à se poser est : ce canal de recrutement correspond-il à la cible que j'ai déterminée ?
- La seconde : ce mode de recrutement est-il cohérent avec mon image-employeur ?

Concernant le premier point se pose la question du niveau de sélectivité souhaitable. Celui-ci varie en fonction du niveau de spécificité du profil recherché. En tout état de cause, mieux la cible aura été qualifiée en amont et les canaux de recrutement étudiés en aval, plus cette sélectivité pourra s'opérer. Il en va évidemment de l'efficacité du recrutement et donc de son coût. Coût direct lié à la communication bien sûr, mais surtout au traitement de centaines, voire de milliers de candidatures.

L'intérêt d'une bonne segmentation et d'un choix adapté des canaux de recrutement correspondant est de réduire quantitativement le nombre des candidatures et d'en augmenter qualitativement la pertinence et le traitement. C'est en tout cas l'objectif qui doit être poursuivi dans une logique qui vise, rappelons-le, à personnaliser la relation avec les candidats et ce, le plus en amont possible dans le processus de recrutement. Cette personnalisation n'est matériellement possible que si le nombre de candidatures à gérer est proportionné aux moyens de l'entreprise.

Quelques minutes pour convaincre...

S'inspirant de la mode des rencontres en sept minutes, proposée aux célibataires recherchant l'âme sœur et disposant de peu de temps pour leurs conquêtes, un groupe de chasseurs de têtes a imaginé transposer la formule au monde du recrutement en proposant à des candidats une rencontre en temps limité. Ceux-ci ont donc sept minutes pour se présenter à chacun d'entre eux et faire valoir leurs capacités dans leurs domaines professionnels.

La formule présente l'avantage de permettre aux candidats de rencontrer de nombreux chasseurs de têtes et à ceux-ci de juger des capacités des candidats dans une situation « extrême ».

Imaginons maintenant des entreprises soumises demain à cet exercice : convaincre des candidats de rejoindre leurs rangs, en un peu plus de cinq minutes. Si l'exercice reste réservé aux forts potentiels, ne mérite-t-il pas réflexion ?

Le choix du canal proprement dit a aussi une influence en termes d'image. Il doit être cohérent avec celle de l'entreprise, tant au plan interne que de ses publics externes. Si une chaîne de restauration rapide peut se permettre de recruter ses collaborateurs par voie d'annonces dans ses points de vente, on imagine plus difficilement une grande marque de luxe en faire de même. Autre canal concernant une population jeune, le cinéma peut ainsi constituer un média de choix, original, pour une entreprise qui pourra affiner son ciblage en fonction des programmations de films et des heures de projection. L'objectif de ce support étant de renvoyer le candidat potentiel à un site Internet ou à un réseau social.

En tout cas, quel que soit le canal, le processus de recrutement devra éviter la multiplication des entretiens successifs avec différents responsables de l'entreprise car les candidats ne comprendraient pas et risqueraient « d'aller voir ailleurs ».

Exemple **Professionnels du bonheur**

Voilà quelque temps, le Club Med avait projeté un clip dans des salles de cinéma. Son objectif était de toucher la cible des jeunes de 15 à 35 ans pour les inciter à décrocher leur téléphone ou se connecter sur le site du Club sur Internet, afin de poser leur candidature à l'un des 1 700 postes disponibles pour la saison d'été.

Quand une société de conseil international investit dans une campagne de recrutement télévisée, elle prend un risque calculé que ne pourrait pas se permettre de prendre, par exemple, une entreprise automobile. Non qu'elle en serait financièrement incapable, mais cela paraîtrait déplacé par rapport à la culture traditionnelle du secteur.

Exemples **Sur le terrain**

Une entreprise informatique avait ainsi invité 2 500 élèves de grandes écoles d'ingénieurs à participer à un tournoi de football au parc des princes. Entre deux matchs avec des salariés de l'entreprise, des entretiens d'embauche étaient organisés. Une marque de prêt-à-porter a organisé des soirées de recrutement dans des discothèques privées. Comme le montrent ces exemples plus destinés à des jeunes diplômés, l'innovation, qui est souhaitable en l'espèce, doit être raisonnée, faire l'objet d'une réflexion préalable. Attention aux effets de mode et à l'adéquation avec le public recherché ! En outre, il est important, pour mesurer l'efficacité de l'opération, d'établir un ratio coût-recrutement.

En tout état de cause, il ne suffit plus d'utiliser un seul canal pour bien recruter. Comme le déclarait une responsable du recrutement :

« Pour se démarquer dans un marché où l'on recherche tous les mêmes profils, il faut avoir une approche par plusieurs canaux. Des petites annonces pour travailler l'image, des contacts avec les écoles pour asseoir sa notoriété, des relations suivies avec un cabinet de recrutement pour les profils pointus et les grosses pointures, une pincée de cooptation pour élargir le spectre, un zeste de Web pour construire un lien avec le candidat. »

Web 2.0 : e-recrutement, e-marque-employeur, e-marketing RH

Les nouvelles technologies semblent ouvrir un champ infini au recrutement et ont, certes, déjà considérablement fait évoluer la donne. Mais un nouveau canal, fut-il interactif comme Internet, n'a d'intérêt que si son utilisation s'inscrit dans un plan marketing RH bien pensé.

Toutefois, il est évident aujourd'hui que la montée digitale à travers le Web 2.0, c'est-à-dire celui qui permet l'échange, le dialogue, (crucial en matière RH), constitue une nouvelle donne importante dans la mise en place de l'image employeur, du recrutement et donc de l'élargissement du « sourcing ».

Partie prenante et grandissante de ce Web interactif, les réseaux sociaux personnels ou professionnels nous obligent à développer un nouveau chapitre que l'on appellera le « e-marketing RH ».

Et puis soyons conscients que le smartphone devient le premier terminal des candidats des générations Y et Z, mais également bientôt celui de leurs parents.

Attirés par le parfum séduisant de ce nouveau marché, les vendeurs de séminaires proposés sur le sujet, les inventeurs « d'outils sorciers », les consultants spécialistes et autres agences de pointe démontrent, si cela était nécessaire, que le phénomène est considérable et pour le moins… à bien considérer. Et ce, de façon réfléchie, structurée, et en intégrant toutes les étapes décrites dans la première partie de cet ouvrage.

En outre, ces nouveaux médias offriront aux entreprises retardataires en matière de marketing RH l'opportunité de rentrer sur le sujet, sans doute à moindre coût et directement. Dans ce grand cybermonde du Web 2.0 dont les statistiques sont quelque peu vertigineuses (par exemple Facebook et son gros milliard d'utilisateurs ou son équivalent chinois Weibo et ses centaines de millions de pratiquants) et difficiles à analyser tant elles sont évolutives.

Dans ce monde virtuel où de nouveaux acteurs, de nouveaux réseaux, de nouvelles innovations apparaissent très régulièrement, il est très compliqué d'en avoir une idée stabilisée.

Dans ce monde-là, quand les outils qui permettent de le pénétrer, deviennent rapidement obsolètes, alors il devient urgent de se poser un instant et de penser sa stratégie de e-marketing RH, de la suivre, et de la compléter, si besoin est, mais en tout cas de créer des points d'ancrage pour les candidats, pour les collaborateurs et pour les responsables RH en charge de ces sujets.

Nous ne mentionnerons plus dans cet ouvrage de chiffres de « fans, d'amis ou autres suiveurs » qui seraient dépassés au moment où nous les écririons mais à partir de quelques réseaux sociaux connus de la plupart des gens, nous préconiserons une approche globale pour garder une cohérence, une ligne dans leur utilisation.

Nous nous appuierons sur Facebook et Twitter qui ont une vocation plus personnelle (même si l'aspect professionnel y est en progression), et sur Linkedin et Viadeo, eux à vocation plus professionnelle. Notons toutefois que l'étanchéité de ces domaines sera de plus en plus relative.

Le Web 2.0 et les réseaux sociaux constituent, en quelque sorte un « e-cosystème », comme le désignent Isabelle Mounier-Kuhn et Jerry Knock dans leur ouvrage *Positionnement professionnel et réseaux* (Dunod).

Dans cet univers en expansion, le responsable RH doit se poser la question de comment y aller et comment y évoluer ?

Là encore, la fonction RH va devoir s'adapter. Déjà très occupés et concernés par les changements de cadres réglementaires, les DRH doivent également faire face à ces évolutions technologiques qui deviennent un important challenge supplémentaire.

Dans les entreprises, l'incidence de ces changements est évidemment intégrée dans les axes stratégiques et les moyens sont dégagés pour les domaines de la vente et le e-commerce.

En ce qui concerne les RH, il semble que c'est à la fonction elle-même de penser son approche, même si elle doit désormais travailler également, outre les fonctions communication, marketing, RSE – responsabilité sociale et environnementale –, avec la fonction DSI – direction des systèmes d'information.

Devant cette « pelote de fils électroniques », sur lequel, faut-il tirer ?

Il convient sans doute de revenir aux objectifs du marketing RH.

À long terme, c'est celui de l'orientation des élèves, des étudiants vers les métiers de l'activité de votre entreprise.

À moyen terme, c'est celui de la marque employeur et de son attractivité envers l'entreprise

À court terme et quelque fois même immédiatement, c'est celui du recrutement dans un contexte, rappelons-le, de pénurie de main-d'œuvre qualifiée et de guerre des talents.

Au risque de se répéter, il est nécessaire de souligner que ce sera une combinaison d'actions, d'outils, multicanaux, multimédias, qui permettront d'installer ou de conforter l'attractivité employeur d'une part et de créer une source de recrutement complémentaire d'autre part. Car selon les secteurs d'activité, les régions du monde, les classements des outils de recrutement et du marketing RH sont différents.

Dans un numéro du magazine *Management* de 2015, on apprend dans la rubrique « Progresser », coordonnée par Sébastien Pierrot, que : « Avec son tablier orange, Anne-Claire Long, la DRH de la société Michel et Augustin, a inversé le principe de la manche dans le métro : c'est pour proposer des emplois – 6 CDI et 6 stages – qu'elle a harangué les usagers et relayé son intervention sur les réseaux sociaux. Résultat : 1 million de vues pour la vidéo et 1 000 candidatures reçues. »

En tout état de cause, une approche sructurante aura le mérite de sérier les actions et leur rythme de mise en œuvre. Le risque dans ce labyrinthe, est de vouloir courir, de faire pour faire et finalement de perdre le sens de la démarche. Bien sûr cette volonté de méthode ne doit pas exclure telle opportunité ou évolution liée à des innovations qui peuvent devenir également porteuses de sens. Ce système, dans son ensemble, doit être stable mais non rigide.

Le point d'ancrage de ce e-marketing RH est, nous semble-t-il, encore aujourd'hui la rubrique « recrutement et carrières », ou équivalent, du site Internet de l'entreprise. Partie RH de ce site Internet *corporate*, il constitue le « bateau amiral » qui fixe le cap et qui est entouré de bateaux plus légers, plus rapides, plus réactifs, que seraient les médias et les réseaux sociaux. Légèrement en éclaireurs, en marge ou dans le sillage, ils gardent le cap du positionnement employeur. Cette direction fixée, rappelons-le, étant précise, différenciante, attractive, concrète, réelle et bien sûr vérifiable.

Évidemment, la force de cette métaphore nautique bien organisée a ses limites, car la mer numérique connaît ses tempêtes (sociales, techniques, économiques), sa pollution (bugs et autres virus) et ses pirates (*hickers*) qui n'en font pas un océan « pacifique ».

Mais si nous revenons sur « terre », force est de constater que les sites « recrutement et carrières » des entreprises sont classés par la grande majorité des chercheurs d'emploi en Asie, en Europe et aux États-Unis comme leur source n° 1 d'informations.

Témoignage

Depuis 2002, le groupe Potentialpark accompagne les employeurs grâce à sa connaissance des candidats, leur recherche d'informations et leur processus de candidature.

Chaque année, Potentialpark analyse les sites carrières (consultables sur ordinateur, tablettes ou mobiles) des entreprises, et ce, sur la base de critères comme par exemple une bonne information proposée aux candidats, un accès rapide aux offres d'emploi et plus globalement à partir de « l'expérience candidat en ligne », c'est-à-dire le ressenti d'un candidat en tant que client qui recherche un job.

• • •

Ainsi, en 2015, 125 sites carrières d'employeurs en France ont fait l'objet d'une enquête par Potentialpark à laquelle ont également participé 4 000 étudiants ou jeunes diplômés. À l'issue de cette enquête, c'est Carrefour qui est arrivé à la première place du classement général.

Antoine Lhosmot constate que les entreprises font de plus en plus preuve d'innovation pour attirer des talents ciblés. Elles proposent notamment des offres enrichies, c'est-à-dire qu'elles permettent de découvrir des témoignages sur le métier, le lieu de travail ou même des offres similaires. L'objectif final étant le « call to action », c'est-à-dire l'action de postuler à l'offre.

Les entreprises font également une avancée en termes de personnalisation des offres d'emploi qui vont s'adapter à chacun des visiteurs : « Dites-moi qui vous êtes et nous allons vous montrer ce qui peut vous intéresser. »

Antoine Lhosmot souligne, par ailleurs, que les entreprises étudiées s'engagent pour répondre aux nouvelles générations qui arrivent sur le marché du travail. Sur le fond en proposant des sites inspirants et sur les réseaux sociaux en démontrant l'attractivité de leur marque-employeur.

Sur la forme, elles doivent continuer à investir dans leur communication adaptée aux tablettes et aux smartphones car sinon elles seront en retard vis-à-vis des candidats de leur entreprise.

Enfin, Antoine Lhosmot pense que la guerre des talents va perdurer car il y aura toujours des candidats qui voudront intégrer des entreprises, même si certains veulent eux-mêmes devenir entrepreneurs et, par voie de conséquence, créer de la pénurie de candidats.

Antoine Lhosmot – Associé chez Potentialpark

L'intérêt, entre autres, des réseaux sociaux réside évidemment dans l'échange qu'ils permettent avec les internautes mais également dans le fait qu'ils constituent un nouveau territoire qui facilite l'innovation.

Par exemple, un challenge international des métiers proposé aux jeunes professionnels d'une grande société de services a été commenté et partagé en direct dans le monde entier grâce aux *hashtags* ajoutés aux *tweets* afin de regrouper ces commentaires sur un sujet d'intérêt commun.

Il s'agit donc d'une stratégie de complémentarité des médias, qui permettent à la fois de conquérir de nouveaux fans, suiveurs... et de les fidéliser pour en faire des prescripteurs ou des candidats.

Le dispositif multicanal permet selon les caractéristiques et nature des outils de toucher de façon plus adaptée de plus en plus de personnes et donc de candidats potentiels.

D'autres entreprises choisissent de mettre leur « vitrine centrale » sur Facebook, où les dirigeants prennent la parole. Twitter devenant dans ce cas de figure un satellite d'informations plus techniques et linkedin un réseau de création d'un groupe, d'un forum animé par un spécialiste interne du sujet retenu.

D'autres entreprises encore se servent de Facebook surtout pour créer une interaction et répondre aux questions des fans.

Mais toutes les entreprises utilisent des vidéos ou des photos qu'elles posteront, là aussi sur un site de partage, pour illustrer leurs actions et encourager l'interactivité avec les candidats.

Quels que soient les choix d'architecture de ces outils numériques, les contenus doivent être cohérents entre eux et en phase avec le positionnement employeur. En outre ce e-marketing RH suppose toute une organisation en amont.

Le rôle de e-communauty manager

C'est le e-communauty manager qui va permettre l'interactivité avec les internautes et écouter, dialoguer, répondre aux questions, et, le cas échéant animer les communautés et bien sûr apporter un contenu. Il devra être à la fois rapide (les délais de réponses devront être de l'ordre de quelques heures) et bon connaisseur de l'entreprise et de son organisation. Expérimenté et « geek », communicant et sensible aux relations et ressources humaines, ce sera forcément une personne qui aura « vécu » dans l'entreprise.

Nous avions évoqué précédemment l'importance de la veille RH. Elle fera partie de la fonction du e-cm, dédié aux RH, si possible, qui sera l'éclaireur de ce qui se fait à la concurrence, par exemple, et surtout de ce qui se dit sur l'entreprise. Ce sera en effet la somme de ces propos, de ces réactions, de ces questions qui constitueront largement la e-réputation de l'entreprise. Cette réputation est très longue à « installer », et à rendre pérenne, et il faut la surveiller attentivement car elle peut être dégradée rapidement.

La marque employeur sera d'autant plus solide qu'elle sera consolidée par les internautes. Elle devra, en outre, être mesurée et suivi, quant à son évolution.

E-réputation, image employeur 2.0, empreinte digitale RH, il est important de savoir qu'elle constitue un puzzle numérique dont les pièces sont bien sûr assemblées par les internautes extérieurs à l'entreprise mais très largement, également, par des internautes, collaborateurs de l'entreprise. Une majorité d'entre eux estime pouvoir critiquer les pratiques contestables de leur entreprise, même s'ils ont conscience de nuire à l'image. Mais ils en sont également les premiers « avocats » quand les attaques leur semblent non fondées. On remarque bien ici l'importance d'expliquer aux collaborateurs ce qu'est l'offre employeur de l'entreprise afin qu'ils en soient les premiers ambassadeurs auprès des candidats et qu'ils prennent conscience de l'atout qu'ils ont eux-mêmes dans leur travail.

Précisons que le e-communauty management peut être difficilement externalisé, même si certaines entreprises le font. Devant les difficultés de trouver ce profil de nouvel expert à l'intérieur de l'entreprise il sera préférable de le recruter.

À ce sujet, Alexandre Wooj, co-fondateur de E-loue.com et E-lour.pro, fait part d'un recrutement innovant dans le « book focus rh ». « Nous avons décidé de tester un nouveau mode de recrutement qui correspond parfaitement à l'esprit communautaire et collaboratif de notre site, en proposant aux internautes de voter pour sélectionner les meilleurs candidats ».

Pour être efficace le e-communauty manager se formera régulièrement pour être au niveau des internautes 2.0 et construira un réseau de relais internes pour consolider sa fonction et ses actions.

Complément indispensable à la fonction de e-communauty manager, le guide des médias sociaux doit comporter deux volets. L'un rédigé par le e-cm qui a vocation pédagogique, pour expliquer à l'interne l'utilisation de ces médias sociaux et pour éviter, notamment, qu'à l'intérieur des entreprises internationales, ne fleurissent de multiples réseaux d'entreprise.

En général pour ce type d'organisation, la préconisation est de « passer » par le réseau *corporate* RH et d'adjoindre des onglets ou des géolocalisations qui permettront de s'adresser aux candidats des marchés d'emploi locaux tout en bénéficiant de la notoriété du *corporate*. Ces pays pourront également s'appuyer sur des réseaux nationaux leaders dans la zone comme c'est le cas en Chine par exemple.

L'autre volet de ce guide des médias sociaux rédigé par la Direction de la Communication, énoncera les règles à suivre par les collaborateurs, comme par exemple d'écrire à la première personne (« je ») pour montrer que le collaborateur exprime une opinion personnelle et n'écrit pas au nom de l'entreprise.

En renfort et sous la houlette du e-cm, certains collaborateurs pourront être choisis pour devenir les ambassadeurs de l'entreprise. En fonction de leur expertise RH, en l'occurrence, de l'entreprise. Ils pourront également animer des communautés et faire ainsi passer des messages créant de l'attractivité pour l'entreprise.

Parallèlement à la montée en puissance de ces réseaux sociaux, on observe la suprématie montante des smartphones et autres tablettes. La démarche e-marketing RH doit intégrer l'importance de cet instrument, notamment auprès des générations Y et Z. Une image utilisée par Olivier Rollot dans son livre *La génération Y* (Puf) me semble parfaitement résumer la situation : « Il paraîtra certainement aussi absurde à la génération Z de posséder une grande bibliothèque de livres jamais relus qu'aux Y d'entasser des CD de musique. »

En tout cas ces *numeric natives* (Y) ou encore plus ces *social media natives* (Z) qui semblent avoir le mobile « greffé » à leur main, le consulteraient largement plus d'une centaine de fois par jour... et par nuit.

Nous avons pu voir que toutes ces composantes du Web 1.0 et 2.0, sont complémentaires selon leur nature (plus ou moins professionnelle ou personnelle), selon leur public, leur forme. En tout état de cause, chacun jouera son rôle dans le plan e-marketing RH. Au final ces différents médias se renverront des internautes les uns les autres et permettront de créer du trafic.

Ce trafic RH sera également augmenté grâce aux moteurs de recherche et aux référencements naturels, donc gratuits. C'est une autre qualité demandée au e-communauty manager, celle de créer du contenu, mais avec des mots choisis qui feront « remonter » les sites à la (les) première(s) page(s) des moteurs de recherche.

Comme nous l'écrivions, pour certaines entreprises, la circulation des informations, des interactions, des complémentarités aura pour entrée principale, le site *corporate* recrutement et carrières qui constitue alors le *hub* du Web 2.0, dont les réseaux sociaux forment une partie grandissante.

C'est une stratégie globale qui doit être mise en œuvre en termes de marque-employeur, avec une architecture qui permet d'utiliser de façon cohérente les différents outils déjà ancrés et d'autres en développement. Autour du site corporate doivent graviter avec complémentarité Facebook, Twitter, Linkedin, Instagram, Snapchat et vraisemblablement Periscope, qui permet une captation et une diffusion de contenu vidéo en direct.

Nous le voyons, ces nouveaux territoires d'information, d'expression, d'échanges et de partages composent un univers complexe et en expansion. Les responsables RH ne doivent pas l'ignorer et il sera indispensable qu'ils se forment sur tous ces sujets pour mieux comprendre et intégrer les enjeux, les outils, les techniques que les internautes, candidats ou futurs candidats de l'entreprise, eux, pratiquent en permanence. Attention, les formations plus ou moins bonnes sont nombreuses sur le sujet.

Et puis, plus que jamais, il est nécessaire de surfer sur les réseaux sociaux utilisés par des entreprises pour réaliser du *benchmarking*, voir ce qui y est dit, ce qui y est fait et chercher les « bonnes pratiques ».

Les responsables marketing RH, ou de la marque employeur, ou du e-recrutement peuvent avoir un risque de déconnexion de la fonction RH et de ses autres spécialistes. Il ne le faut pas, et une de leurs missions sera également d'expliquer à chacun l'importance de ces sujets, ne serait-ce que pour demander et obtenir des moyens qui peuvent devenir coûteux.

Si nous nous intéressons de façon plus précise au sujet du recrutement sur ces nouveaux médias, il est indispensable de réfléchir à la place du « mobile » dans ce nouvel espace. Ce téléphone mobile ou smartphone devient majoritaire, plus ou moins selon les pays, en terme de communication. Il apparaît alors comme un support indispensable de recrutement qui remet en question beaucoup de concepts RH : le format de l'annonce d'offre d'emploi et celui du CV (qui connaît sans doute une petite mort dans sa conception actuelle). Peu ou prou, ce smartphone modifie également la façon de présenter les arguments de sa marque employeur. Enfin, autre modification du contexte, les « mobinautes » sont « joignables » quasiment en permanence, surtout pour ce qui concerne la génération Y. La génération Z, utilisatrice également, sinon plus, du smartphone, constitue un public auquel l'entreprise pourrait faire connaître ses métiers et l'intérêt qu'ils revêtent, sans doute, en particulier grâce à des approches ludiques et interactives.

Il est d'ores et déjà établi que les nouveaux écrans mobiles sont les supports d'une nouvelle relation avec les candidats potentiels.

Toutefois, pour ce support, comme c'est le cas pour les autres innovations, l'entreprise ne doit pas « l'utiliser pour l'utiliser, y être pour y être ». Une réflexion préalable sur la place de cet élément dans la démarche marketing RH sera indispensable. Et l'utilisation de cet outil en termes de recrutement et de marque employeur, devra faire l'objet d'un long cahier des charges élaboré avec les équipes informatiques de l'entreprise.

En outre la conception éditoriale des informations devra répondre à plusieurs principes bien décrits par l'agence NURUN Digital Stratégies : « Premier principe : la pyramide inversée, c'est-à-dire structurer l'information en allant du plus général au particulier, puis développer les informations ensuite, toujours en les rédigeant par ordre d'importance décroissante.

Deuxième principe : structurer le contenu en niveaux de lecture pour permettre à l'internaute de survoler la page. Autre principe : écrire en pensant aux mobinautes mais également aux... moteurs de recherche. »

À noter : dans les années quatre-vingt-dix, le téléphone portable était déjà été perçu comme un instrument possible de recrutement, notamment avec la société Mobiljob, mais à l'époque le marché n'était pas « mature » pour cette idée très innovante. Aujourd'hui les conditions sont remplies pour une montée en puissance constante de cette technologie, aussi dans le domaine d'une politique RH.

La société Potentialpark souligne que 48 % des candidats (étudiants et jeunes diplômés) utilisent leurs smartphones dans la recherche d'emplois.

Exemple

Plusieurs entreprises utilisent l'application « JobAroundMe », qui permet aux mobinautes, en dirigeant leur smartphone dans telle ou telle direction, grâce à un système de « réalité augmentée », de voir si des établissements localisés dans cette zone proposent des offres d'emploi.

Témoignage

Charles-Antoine Aquizerate souligne que les sociétés clientes sont convaincues que les nouvelles générations de candidats potentiels sont très attentives à l'image-employeur et à son contenu.

Elles souhaitent donc construire une marque-employeur mais leurs difficultés résident dans le déploiement des moyens et dans l'investissement nécessaire car le ROI est difficile à évaluer en termes de sourcing, de recrutement et de fidélisation. D'où l'importance de mettre en place des indicateurs.

Pour atteindre deux objectifs majeurs de la marque-employeur que sont d'une part la capacité à mieux recruter et d'autre part la capacité à fidéliser et développer les talents, il convient de mettre en œuvre des étapes qui ont été observées, en général, dans des entreprises afin de conduire une stratégie globale :

commencer par faire connaître l'entreprise à travers les réseaux sociaux professionnels en utilisant les cessions gratuites dans un premier temps. Les messages concerneront les métiers, l'organisation, les valeurs de l'entreprise, etc. ;

dans un deuxième temps, utiliser les réseaux sociaux professionnels dans leur version payante pour commencer à aller chercher les candidats tout en enrichissant en parallèle le site Internet de l'entreprise et particulièrement la partie carrière qui demeurent une vitrine pour les candidats potentiels ;

puis élaborer un véritable site carrières de l'entreprise qui proposera des offres d'emplois enrichies, c'est-à-dire par exemple avec des vidéos de collaborateurs qui témoignent sur leurs métiers ou la présentation des filières professionnelles de l'entreprise ;

enfin mettre en œuvre une stratégie de marque-employeur globale et multicanale.

Le plan d'actions se composera de l'utilisation de l'ensemble des réseaux sociaux avec des contenus éditoriaux complémentaires et de l'interactivité. Ce sera également l'animation d'un blog avec la production d'articles sur le secteur d'activité. Seront également mises en place des vidéos montrant par exemple l'ambiance dans

...

les bureaux ou expliquant précisément le contenu de la promesse employeur comme le respect de l'équilibre vie professionnelle-vie personnelle... Puis ce sera la création de partenariats avec les écoles clés pour l'entreprise et une activité de campus management.

Quelques entreprises « sautent » certaines de ces étapes et mènent directement une stratégie « multicanale ».

Par ailleurs, il sera nécessaire de faire des benchmarks des entreprises concurrentes du secteur d'activité et de veiller à ce que la promesse employeur de l'entreprise soit différenciante, authentique et cohérente dans ses actions.

Enfin, bien sûr, il sera indispensable de mesurer les résultats de ses actions en essayant de les chiffrer financièrement. Les indicateurs pourront être pour la partie attractivité, par exemple le nombre de candidats qualifiés répondant à une offre d'emploi et pour la partie fidélisation, l'évolution du turnover. En tout état de cause, ce seront des indicateurs quantitatifs mais également qualitatifs qui pourront être suivis dans un SIRH qui permettra de fiabiliser les données et d'automatiser les indicateurs.

Charles-Antoine Aquizerate – Manager en cabinet de conseil RH

Comme nous l'avons vu la diversification du recrutement dans le monde numérique est patente aujourd'hui, elle ne doit pas, néanmoins, réduire toutes les autres formes de recrutement plus traditionnelles, comme parmi de nombreux exemples possibles, les journées de recrutement collectives, les forums de présentations des métiers par les collaborateurs eux-mêmes, ou encore les journées de « job dating ».

Réussir une bonne annonce

Gare aux « effets d'annonce » !

Qu'elle soit insérée dans un journal imprimé ou numérique, destinée à l'affichage ou dans le cadre d'un forum, une annonce de recrutement doit répondre, elle aussi, à des critères marketing bien précis. Mais avant toute chose, elle doit correspondre à une offre réelle. Aussi étonnant que cela puisse paraître, des entreprises mais également encore certains cabinets de recrutement ont en effet publié des offres, notamment sur Internet, à seule fin d'enrichir leur CVthèque et de se faire de la publicité à moindre frais. Ces pratiques choquantes n'ont pas servi ceux qui les ont imaginées – surtout lorsque des journaux ont dénoncé quelques coupables – mais ont surtout contribué à démotiver des personnes à la recherche d'un emploi.

Il est donc important d'insister en préambule sur l'éthique qui doit aujourd'hui guider les employeurs dans leur recherche de candidats. Ils doivent exiger cette même éthique de la part de l'ensemble des partenaires qui les aident à recruter : cabinets, agences d'intérim, agences de communication, réseaux. Ainsi, un moteur de recherche anglo-saxon fait signer à ses clients un contrat stipulant que leurs offres correspondent à des postes effectifs. On peut imaginer que des entreprises soucieuses de leur image-employeur se regroupent, à terme, pour créer un label qui garantirait la qualité de leurs offres et plus encore une forme de normalisation dans leur processus de recrutement – qui ne signifie pas uniformisation ! La démarche marketing RH en elle-même représente déjà une garantie contre ce genre d'erreur à laquelle conduit une trop grande improvisation. En effet, à partir du moment où la publication d'une annonce s'inscrit dans un processus tel que nous l'avons décrit, elle correspond à un besoin identifié et défini que l'on va exprimer en direction d'une cible déterminée. Combien d'entreprises font-elles encore paraître une offre d'emploi sans avoir bien cerné les contours de la mission proposée ou en ne sachant pas à qui elles doivent l'adresser ? Résultat : le recrutement finit par être suspendu, voire annulé car l'entreprise se rend compte en cours de route que les candidats qui se présentent ne correspondent pas à leur besoin, un besoin qu'elles n'ont pas su exprimer, en fait. CQFD. Ce manque de rigueur dans la démarche a des conséquences dommageables, non seulement en termes de coût mais aussi d'image. Et c'est une perte nette de candidats futurs qui réfléchiront à deux fois avant de se « laisser prendre ».

En finir avec le flou artistique

En parcourant certaines pages d'annonces classées, comment ne pas être frappé par la faiblesse, voire la pauvreté, les effets repoussoirs de certains argumentaires ou le flou artistique qui règne sur la description de fonction. Téléprescripteur, téléprospecteur, télévendeur, téléconsultant, téléacteur, enquêteur... autant d'appellations non contrôlées pour désigner un métier qui est aujourd'hui malheureusement dévalorisé, notamment parce que les entreprises du secteur ne se sont pas encore donné les moyens d'en faire une véritable profession. N'avait-on pas observé le même phénomène quand il s'agissait autrefois de recruter des vendeurs en porte à porte ? Quand la fonction est ainsi mal perçue, ne faut-il pas dans l'annonce jouer sur un autre registre ? Plutôt que d'« enfoncer le clou » en exigeant une expérience de la vente, proposer un système de rémunération qui intéressera les meilleurs et les plus motivés qui ont envie de s'investir ? Ou encore proposer une véritable formation et l'écrire !

Un acte de communication majeur

Publier une annonce n'est pas neutre, ni gratuit... Une annonce d'offre d'emploi, par exemple, dans le journal *Le Parisien*, est proposée, avant négociation, pour une dimension de 13 centimètres sur 8, à 3 680 euros hors taxes.

C'est un acte de communication qui implique l'image et donc la crédibilité de l'entreprise et de son management. N'oublions pas qu'elle est lue par le public externe mais aussi par l'ensemble de ses collaborateurs. Elle doit donc déjà être parfaitement cohérente avec les messages véhiculés en interne. La démarche marketing RH, nous l'avons vu, veille à cette cohérence dès l'amont.

Témoignage

Gardons en tête qu'une campagne ne doit jamais être gratuite. Humour et provocation peuvent être au rendez-vous mais pour être créatif, un bon concept de communication RH doit d'abord s'appuyer sur du vrai. Il doit révéler de manière sincère la personnalité de l'entreprise

Jean-Charles Davin – Agence TBWA Corporate

L'annonce, dans sa construction, va reprendre les différents éléments qui auront été définis, aussi bien dans la forme (logo, identité visuelle, charte graphique RH...) que dans le contenu (valeurs de la marque, positionnement, signature...). Cet environnement pourra être décliné en fonction des publics visés mais toujours en conservant les attributs fondamentaux qui donneront toute sa force à la campagne. Une campagne qui devra surgir, sauter aux yeux de celles et ceux qui parcourent les pages d'annonces à la recherche de la mission qui leur convient. Ce travail est généralement réalisé en collaboration étroite avec la direction de la communication, dans les grandes entreprises, ou l'agence de communication en ressources humaines si l'annonceur décide d'y faire appel et enfin en dernier lieu avec le responsable du support quel qu'il soit.

La ligne claire

Qu'est-ce qu'une bonne annonce ? C'est d'abord une annonce qui parle au public visé, qui va être remarquée par celles et ceux à qui elle s'adresse. Combien de fois se dit-on, en lisant une annonce : « cela n'est pas pour moi ! » ? Alors que présentée ou rédigée différemment, on y aurait répondu. Il est donc essentiel de se mettre à la place de la personne qui va lire l'annonce et de la mettre en scène pour juger de son impact, visuel d'abord, textuel ensuite. Je suis encore surpris aujourd'hui de lire des annonces écrites dans des journaux nationaux où le choix de la typographie les rend difficiles à lire, où l'iconographie retenue pour les visages ne reflète absolument pas la diversité des genres ou des origines. Toujours surpris par ces annonces dont l'insertion a été coûteuse, où je déplore la faiblesse des arguments invitant à postuler ainsi que la pauvreté des images qui ne génèrent aucune émotion.

Sans doute n'existe-t-il pas de recette miracle en la matière, et tout est relatif puisque par définition, la communication évolue : un code qui est valable aujourd'hui perdra demain de son efficacité, ce qui vaut pour une entreprise n'a aucun sens pour une autre. Mais il convient tout de même d'éviter les écueils.

Les clichés et leurs limites

Le premier est l'écueil publicitaire : ne pas confondre une annonce de recrutement avec la promotion d'une lessive. Votre entreprise ne lave pas plus blanc et si son ambition est de changer la vie de ses salariés, elle ne le proclame pas mais le fait à travers des actions concrètes. La promesse doit donc être en relation avec les préoccupations de la cible et non être un slogan vide de sens sinon pour ceux qui se sont fait plaisir en le concevant. Quand une annonce met en scène des candidats supposés, il convient, là aussi, d'être réaliste : toutes les assistantes de directions ne sont pas des top models et les jeunes cadres des figures de mode en costume cravate qui sautent d'enthousiasme comme les supporters d'une équipe gagnante à l'idée d'entrer chez vous.

Depuis plusieurs années, des entreprises mettent en scène dans leurs annonces de recrutement leurs propres collaborateurs.

Des banques ont également recouru à cette technique qui présente aussi l'avantage de valoriser les équipes internes. Là encore, il s'agit de faire preuve de mesure et de prudence. Ainsi, une société de service informatique avait publié des photos de ses collaborateurs réalisées par le prestigieux studio Harcourt qui a signé en réalisant leur portrait toutes les vedettes du show business depuis des lustres. N'était-ce pas, en l'occurrence un peu trop, *too much* comme disent les Anglo-Saxons ?

Un autre grand classique : mettre en scène des sports. Le rafting a eu son heure de gloire pour le goût du défi et le travail d'équipe, le monde nautique évoque les grands espaces, l'autonomie et l'esprit d'aventure, la montagne est réservée aux forts potentiels qui cherchent à atteindre les sommets. Le registre visuel choisi doit correspondre à la culture de l'entreprise mais surtout aux références possibles, imaginaires ou non, des futurs collaborateurs.

La vraie description de poste

Le second écueil concerne la rédaction de l'annonce proprement dite. Il fut un temps, mais on en trouve encore des exemples fréquents, où l'entreprise confondait annonce de recrutement et body-building. Elle était la plus grande, la plus belle, toujours leader, sans doute implantée dans un lieu de rêve... Quant au poste à pourvoir, il tenait en un intitulé standard ou plus ou moins évocateur (typiquement « chargé de mission »), sans descriptif et nécessitait des qualités telles que courage, ténacité, sens de la communication, capacité à intégrer une équipe. La rémunération ? Forcément motivante ! Bref, ce type d'annonces révélait une méconnaissance des attentes des candidats potentiels, faisant passer un message plutôt dissuasif : « si vous voulez ce poste, il va vraiment falloir vous battre et de toute façon on ne vous attend pas.

Et puis, effet de balancier ? il y a eu la période « votre talent m'intéresse ». L'entreprise se faisait fort de révéler le talent de ses futurs collaborateurs, qualité vague et suffisamment multiforme pour être enfouie au fond de chacun et ne demander qu'à s'exprimer. Jamais les candidats n'avaient eu autant de talents. Mais toutes ces entreprises étaient-elles alors en mesure de les valoriser ? Là encore, nombreuses furent les déceptions, bien que la démarche en elle-même fût plus séduisante que la précédente.

Questions de distinction

Ne pas promettre plus que ce que l'on peut tenir est sans doute la règle de base dans la rédaction d'une annonce. Une autre est de se démarquer des effets de mode qui banalisent les campagnes et donc leur impact. Si le talent recherché est partout, il n'est plus nulle part. Si personne ne parle de rémunération, c'est le moment d'en parler. Si les concurrents jouent l'effet de taille, il faut mettre en avant la qualité des relations dans une structure de taille plus modeste.

En tout état de cause, l'annonce doit être rédigée de façon à attirer les individus dont on aura défini le profil le plus précisément possible en fonction de l'analyse préalable et sans trop d'*a priori*. Faut-il jouer sur le niveau de formation, les diplômes ou la capacité à apprendre, l'expérience ? Là aussi, on ne s'adressera pas aux étudiants de la même façon qu'à des juniors, à des débutants comme à des candidats confirmés. L'étudiant sera intéressé par la flexibilité des horaires, l'organisation du travail, la possibilité de faire reconnaître son job comme stage ou formation. Un débutant recherchera une bonne ambiance de travail, voudra être reconnu pour ce qu'il est, sa façon d'être et de se comporter, plutôt que sur ses compétences, encore théoriques. Un candidat expérimenté sera davantage sensible aux avantages sociaux, à l'évolution de sa carrière.

Qu'est-ce qu'une bonne annonce ?

C'est une annonce dans un média adapté qui rapporte un grand nombre de CV qualifiés.

Et comme l'annonce est en général insérée dans un espace qui comportera de nombreuses autres annonces de recrutement, elle doit se différencier tant dans le fond que dans sa forme, grâce à un argumentaire « marketé » sur chacun des aspects suivants : intégration, rémunération, avantages sociaux, formation, ambiance et organisation du travail, évolution professionnelle, responsabilisation...

Dans tous les cas, mettez en avant les atouts spécifiques de l'entreprise par rapport à ses concurrents !

Portez un regard critique sur votre annonce une fois insérée dans un support, par exemple, parmi un ensemble de concurrents et observez-la *in situ*, ce qui vous montrera jusqu'à l'incidence de la qualité du papier sur lequel elle est imprimée, de la qualité de la photo une fois numérisée et qui vous permettra peut-être de vous apercevoir de la difficulté de la lire sur un smartphone...

Gérer les candidatures

Recruter autrement

La façon de gérer les candidatures va être un élément de plus en plus déterminant dans la réussite d'une stratégie d'*employer appeal* fondée, rappelons-le, sur la capacité d'une entreprise d'attirer et de conquérir des candidats dont elle a besoin. Avant d'aborder la question du traitement des candidatures, c'est-à-dire leur suivi, il convient de s'interroger sur les modes de sélection envisagés, non plus en termes de choix de modes ou de canaux de recrutement, comme nous venons de le faire, mais d'outils et de méthodes de recrutement des candidats. Car là aussi, l'innovation paie ! Ainsi, pour faire face à la pénurie déjà réelle dans leurs secteurs d'activité, des entreprises font appel à la méthode du recrutement par habileté, développée depuis plusieurs années par Pôle Emploi. Le principe ? Des annonces, très complètes, informent le public sur la tâche à accomplir, les conditions de travail, le salaire et surtout les qualités requises. Ces annonces sont diffusées dans les agences de Pôle Emploi mais aussi dans la presse et sur les ondes des radios publiques locales. Les candidats ont ensuite à passer des exercices qui vont permettre de déterminer leur habilitation à, selon les cas, progresser, établir une relation humaine, manager et commander, communiquer, travailler en équipe, prendre des initiatives et être autonomes, s'adapter, travailler sous tension, mener une réflexion stratégique, être créatif... Les habiletés nécessaires sont définies avec les entreprises pour chaque mission proposée et les exercices sont ensuite validés par elles. Dans des métiers comme le transport routier, l'hôtellerie, la restauration, la distribution, l'automobile, l'aide aux personnes, mais aussi la menuiserie ou la micro-électronique, cette méthode préfigure ce qui pourrait être étendu à des secteurs où l'on continue d'appliquer les modes de sélections fondés avant tout sur les diplômes, les compétences théoriques et techniques, le niveau de spécialisation. La méthode par habileté repose avant tout sur la motivation des personnes à travailler dans un secteur d'activité et leur capacité à intégrer les connaissances techniques indispensables à la prise de poste. Cela signifie aussi que les personnes qui se présentent doivent être prises en charge par des tuteurs qui vont savoir leur vendre les métiers qu'ils auront à exercer, dont certains sont mal connus et d'autres mal perçus. Cette méthode a ainsi permis de détecter une habileté (et une motivation) manuelle chez des personnes ayant jusqu'alors exercé des tâches administratives. Les tests permettent de détecter des qualités invisibles sur CV comme l'écoute ou le sens du commerce. Utilisée par des entreprises ayant besoin d'embaucher des équipes assez nombreuses sur des bassins d'emploi où les compétences recherchées sont rares, la méthode par simulation peut être mutualisée entre plusieurs petites entreprises, qui élargissent ainsi considérablement leur champ de recherche.

Seconde chance

En France, si le nombre important d'environ 150 000 jeunes qui sortent chaque année sans qualification est confirmé, gageons qu'un grand nombre d'entre eux présente, à défaut d'un diplôme, un certain potentiel. Tutorés par des seniors, soucieux de transmettre leur expérience, ils seront très motivés en se voyant présenter cette seconde chance.

Face à ce nombre croissant de jeunes et de jeunes adultes qui sortent du système scolaire sans aucune qualification, une opération baptisée « 100 chances emplois », a été initiée localement il y a quelques années par la Direction Départementale du Travail et de l'Emploi et de la Formation Professionnelle, et a été pilotée conjointement par celle-ci et la ville de Grenoble. Objectif : faciliter l'emploi durable de 100 jeunes grâce à des parcours personnalisés de qualification avec le concours de 30 entreprises engagées sur ce projet.

Refuser la facilité pour éviter des difficultés

Là encore, une gestion des candidatures trop restrictive risque demain de faire passer des entreprises à côté de potentiels correspondant à leurs besoins. Il faut se donner les moyens de sortir des cadres habituels pour attirer et repérer des profils atypiques. Souvent les candidatures sont gérées de façon à limiter les risques, ce qui a souvent conduit les entreprises à recruter des profils normalisés. Cela, d'ailleurs, n'a pas été sans leur poser des problèmes d'adaptation au marché quand il leur a fallu préparer leurs recrues au changement. Les profils normés sont, nous l'avons vu, de plus en plus rares sur le marché de l'emploi ; continuer à gérer des candidatures selon les méthodes traditionnelles est donc de moins en moins pertinent. Certaines pratiques, que l'on croyait révolues, continuent même d'être utilisées, sans égard ni respect pour les candidats. Par exemple, l'une consiste à réunir ceux-ci autour d'une table et à les mettre directement en concurrence : que le meilleur gagne !

Recruter, c'est prévoir

Ce manque de rigueur se retrouve encore trop souvent dans la gestion administrative des candidatures et contribue directement à dévaloriser l'image-employeur que l'entreprise s'est efforcée de se forger à travers sa campagne de positionnement. Pourtant, là aussi, les solutions sont relativement simples à mettre en œuvre. Dans le cadre d'une démarche marketing RH, il s'agit surtout de les prévoir. Faut-il le rappeler, prévoir d'accuser réception des candidatures, par courrier, e-mail ou (pourquoi pas ?) téléphone, informer le candidat du processus qui sera suivi, respecter le timing ou en expliquer les retards, le tenir au courant de la suite donnée à sa candidature, à ses entretiens éventuels, lui expliquer le cas échéant les raisons qui ont poussé l'entreprise à recruter un autre candidat, autrement que par une formule passe-partout ? C'est aussi une façon pour l'entreprise de remercier le candidat pour sa démarche en l'aidant à progresser dans sa recherche d'emploi. La société Potentialpark nous rappelle que 56 % des candidats ne reçoivent aucun e-mail quel qu'il soit après un entretien.

Les responsables d'entreprises ont souvent tendance à sous-estimer l'importance que revêt pour les individus l'envoi d'une candidature. Comment interpréter une absence de réponse autrement que comme un signe de mépris ? En revanche, lorsqu'une réponse personnalisée, même négative, est adressée au candidat, pourvu qu'elle ne soit pas standard, celui-ci se sent respecté et conserve une bonne image de l'entreprise à laquelle il s'est adressé. Et il le fait savoir. Et plus tard (qui sait ?) il réitérera sa démarche, parce que l'entreprise en question ne lui aura pas fermé sa porte, ou il en deviendra tout simplement client...

Évidemment la gestion de ces candidatures est tout aussi importante dans des canaux numériques où les réponses aux candidats doivent être rapides et personnalisées si possible.

Prendre contact

■ La première impression

Le moment de la rencontre est toujours décisif. Là encore, quel que soit le profil des candidats, le type de missions auxquelles ils postulent, la prise de contact doit être préparée et quasiment normée. Faire attendre un candidat, lui demander d'emblée pourquoi il a été convoqué, ne pas connaître son dossier et le découvrir pendant l'entretien sont autant de contre-performances de la part d'un employeur. Et pourtant, ces exemples ne sont pas pris au hasard. Oublions la méthode qui consiste, à l'instar de celle employée par certains agents immobiliers pour la location d'appartements, à convoquer les candidats en même temps !

Utilisons la méthode classique du rendez-vous individuel. Première surprise : le candidat ne vient pas au rendez-vous. Faut-il mettre cette défection sur le compte de l'insouciance des jeunes générations ? Sans doute. Mais si ce genre d'incidents se multiplie, ne faut-il pas aussi réexaminer sa procédure de convocation des candidats ? Pourquoi ne pas imaginer le rappel du rendez-vous par SMS, lettre personnalisée, coup de fil ou envoi d'un e-mail de confirmation la veille de l'entretien, rien n'est à négliger à partir du moment où l'entreprise a l'opportunité de recruter.

La prise de contact, quelle que soit la suite donnée à la candidature, est un moment clé de la relation qui va en partie déterminer son évolution. Le candidat qui se rend à un entretien a tous les sens en éveil. Chaque détail compte. Le sourire de la réceptionniste, le fait même qu'elle sache que le candidat est attendu, le café qu'on lui propose, l'accueil de l'assistante qui va le cas échéant venir le chercher, mais aussi les discours qu'il entend autour de lui... Combien de fois, assis dans une salle d'attente, surprend-on des conversations qui permettent déjà de se faire une idée, vraie ou fausse, de l'entreprise dans laquelle on se trouve ?

La transparence, tout simplement

Il s'agit aussi de baliser le terrain, autrement dit d'expliquer au candidat ce qu'on va lui faire faire et pourquoi, qui il va rencontrer, dans quel ordre et dans quel délai. Ainsi les tests, réalisés par des personnes habilités, doivent être décryptés au moins après coup, de façon à ce que le candidat sache à quoi s'en tenir. Si l'entretien est prévu avec une personne, une seconde ne doit pas arriver au dernier moment. Dans certains cas, pour des postes à haut potentiel, le candidat va se retrouver face à un véritable jury. On ne peut lui imposer cette épreuve sans poser suffisamment à l'avance les règles du jeu, de façon à ce qu'il puisse se préparer.

Pourquoi toutes ces précautions ? D'abord parce qu'elles révèlent une forme élémentaire de respect, ensuite parce que, quelle qu'en soit l'issue, le candidat fera largement savoir autour de lui comment il a ressenti cette prise de contact et alimentera une réputation, positive ou négative selon les cas.

À l'issue de la phase d'entretiens, si le candidat n'est pas retenu, il faut le lui faire savoir dès que la décision est prise et lui expliquer en quelques mots pourquoi, soit par téléphone, soit par courrier en lui restituant les documents qu'il a fournis ou en lui demandant l'autorisation expresse de les conserver. S'il est retenu, il faut évidemment faire en sorte que l'engagement soit formalisé avant la date d'embauche et selon les modalités définies lors des entretiens. Appeler un candidat pour lui dire en substance, « OK, c'est bon, vous faites l'affaire et vous commencez demain, nous signerons le contrat plus tard » sent bon le vieux film américain où le mécanicien sortant de prison est embauché parce qu'il répare du premier coup une panne de carburateur. La formalisation est d'autant plus nécessaire que l'on s'adresse à un public peu habitué à structurer ses engagements et que l'aspect contractuel rassure. La formalisation est l'expression de la conquête mais aussi le premier acte de la fidélisation que nous examinerons plus loin.

Accueillir : retour aux basiques !

Visite guidée

Souvent il existe de grosses faiblesses en matière d'intégration des nouveaux salariés. Quelque fois recrutés au prix d'immenses efforts, les nouveaux embauchés sont trop souvent livrés à eux-mêmes une fois franchie la porte de leur nouvelle entreprise. Sous prétexte d'économies ou d'urgence, les phases d'intégration ont été singulièrement raccourcies jusqu'à être supprimées dans certaines entreprises, notamment dans les start-up où la convivialité supposée tenait lieu de mode de management. La désintégration de certaines structures n'en fut que plus brutale.

On n'emploiera pas les mêmes moyens pour accueillir une nouvelle recrue dans un groupe international que dans une PME, mais l'idée directrice reste la même : il s'agit de faire connaissance. Et faire connaissance nécessite un peu de temps. La moindre des choses, quand le nouvel embauché arrive dans l'entreprise, est de lui faire faire le tour du service auquel il est rattaché, de lui présenter d'abord ses collègues les plus proches, de lui faire visiter les locaux et de lui attribuer un bureau s'il est sédentaire, de lui fournir ses outils de travail et son équipement.

Clin d'œil : Pour réussir l'accueil d'un nouveau collaborateur : le recevoir comme s'il était le filleul du directeur général !

Le livret d'accueil : papier ou numérique

Combien d'entreprises remettent un livret d'accueil ? Pourtant, là encore, ce livret est un outil de marketing RH à ne pas négliger comme c'est trop souvent le cas. Il donne le « LA » de l'entreprise et fera que le nouvel arrivant prendra plus vite ses repères, se familiarisera avec son environnement, connaîtra les règles écrites, découvrira des procédures de base. C'est donc à la fois un outil d'efficacité, d'intégration, d'information et de reconnaissance qui ne nécessite pas une logistique complexe. Ce livret et sa façon soignée de la remettre ne dispensent pas d'une explication orale, bien au contraire, mais il contient des renseignements auxquels dans un premier temps au moins le nouvel arrivant se référera pour s'orienter et trouvera des éléments sur les avantages proposés qui le conforteront dans sa conviction d'avoir fait le bon choix d'entreprise. Indispensable, ce livret d'accueil n'est pas suffisant : il n'est qu'un élément, un repère, de la phase d'intégration qui doit constituer un vrai programme séquencé, décisif pour commencer à fidéliser la nouvelle recrue.

Quelquefois sous forme de jeux, comme les *serious games* utilisés par exemple par Suez Environnement. Toutefois, l'acte de management de remise du livret d'accueil papier ou numérique conserve une forme symbolique indispensable.

Une enquête réalisée à la demande de l'Association Jeunesse et Entreprises avait révélé que les jeunes, qu'ils soient en recherche d'emploi ou actifs depuis peu, soulignent l'importance pour eux d'un bon accueil lors de leur première prise de fonction, avec présentation générale, stage d'intégration et parrainage.

Convivialité au menu et à la carte

Pourquoi la plupart des entreprises n'organisent-elles que des « pots de départ » ? L'accueil, cela peut être aussi l'organisation d'un « pot d'accueil », notamment dans les petites structures, au cours duquel le chef d'entreprise viendra souhaiter la bienvenue aux nouveaux embauchés, en profitant aussi pour communiquer certaines informations à l'ensemble de ses collaborateurs réunis pour l'occasion. Dans les structures plus importantes, voire dans certains grands groupes, l'intervention du président viendra clôturer une ou des journées d'intégration. L'impact d'une telle rencontre sur ces jeunes est immense et durable. Loin d'être une perte de temps, l'accueil devient un véritable investissement : c'est une évidence que trop de managers oublient.

Intégration : la preuve par six

L'entreprise allemande Siemens, avait imaginé pour les nouveaux embauchés de faire un premier point, qui doit rester marquant, avec leur management après seulement 6 heures d'« ancienneté ». Six jours après, un nouvel entretien avait lieu pour identifier d'éventuels problèmes. Six semaines plus tard, nouveau rendez-vous avec l'encadrement et le « parrain » du collaborateur. Enfin, après six mois, le salarié, le manager et le DRH prenaient la décision ou non de continuer leur collaboration.

Les journées d'intégration peuvent prendre les formes les plus diverses. Réunissant un groupe de nouveaux embauchés qui, selon la taille des entreprises, pourra compter entre quelques collaborateurs et une cinquantaine, elles sont d'abord l'occasion de présenter aux nouveaux entrants l'ensemble des métiers de l'entreprise dont le plus souvent ils n'ont qu'une vue partielle, d'en rencontrer les managers, notamment au cours des visites de sites organisées. Le cas échéant, des jeux de rôles et des quiz viendront ponctuer ces journées pour partager de façon ludique des connaissances indispensables sur l'entreprise, factuelles ou comportementales. L'objectif n'est pas de normer les attitudes mais là encore de fournir aux nouveaux des clés pour progresser dans leur nouvel univers professionnel. Dans une société à forte dimension technico-commerciale par exemple, les commerciaux seront mis dans des situations de relation avec les clients, qu'ils devront ensuite traduire en demande faite aux services techniques internes, puis les rôles seront permutés. À chaque fois l'animateur invitera le groupe à analyser les comportements observés, les mots utilisés pour en tirer des enseignements utiles. Élémentaire ? Oui, mais combien d'entreprises prévoient un cursus d'intégration adapté à chaque typologie de collaborateurs ? Trop souvent, ceux-ci sont directement affectés à leur mission, parfois loin du siège de l'entreprise chez un client, sans qu'on leur ait donné le temps d'en découvrir la diversité des hommes et des pratiques. Résultat : ils ressortiront comme ils sont entrés. Sans état d'âme.

N'oublions pas que bien intégrer un collaborateur, c'est déjà lui conférer une forme de reconnaissance et commencer à le fidéliser. Trop d'entreprises n'ont pas de processus d'intégration.

C'est d'autant plus dommage qu'un dispositif d'intégration réussi n'est pas forcément coûteux. Revenons à cette notion de « cliemployé » et accueillons le collaborateur au mieux, comme un client, qui est à coup sûr serait le bienvenu dans notre entreprise. Revenons à l'essentiel !

Dans le *Parisien Économie Supplément* – rédacteur en chef : Jean-Louis Picot – du 15 février 2016, Benoît Froment, vice-président en charge des ressources humaines de la CGI (services en technologies de l'information et en gestion des processus d'affaires), déclare que, dans la société, « les pratiques d'intégration sont systématiques, homogènes entre les différentes entités du groupe, décrites et cadencées. Le parcours est une étape clé qui associe, dans la durée, le comité de direction, la direction des ressources humaines et le management. Il s'étale sur neuf mois… et se termine par un bilan d'intégration, avec l'évaluation de satisfaction du collaborateur sur le processus d'intégration… La qualité de l'intégration a contribué à diminuer le turnover de manière conséquente depuis deux ans. Nous nous situons désormais de cinq à dix points en dessous de la moyenne du secteur ».

Ce n'est qu'un au revoir

De même qu'il est important de soigner l'accueil, de même le départ d'un collaborateur quel qu'il soit et, sauf exception, quelle qu'en soit la raison, doit faire l'objet d'une démarche spécifique, par-delà le rituel du « pot de départ ». Trop souvent, les raisons profondes pour lesquelles un salarié quitte son entreprise restent méconnues ou en tout cas insuffisamment analysées par celle-ci. Seuls celles et ceux que l'on cherche à tout prix à retenir ont droit à un entretien où leur manager va chercher à les persuader de rester, alors qu'il est d'ailleurs souvent trop tard. Et en général ces rattrapages de dernière minute ne présagent rien de très bon pour l'avenir de la relation, car un ressort de celle-ci est brisé, dans la mesure même où l'entreprise n'a « rien vu venir » ou pire, les indicateurs étant à l'orange, n'a pas réagi.

Il vaut mieux prévenir les départs (nous verrons comment dans une autre partie de cet ouvrage) que les guérir. Néanmoins, quand ils surviennent, il faut chercher à en analyser les causes pour en tirer des enseignements et aussi, pourquoi pas, disposer d'éléments propres à reconquérir le collaborateur en question plus tard, lorsque des conditions favorables seront réunies. Les cas de retours sont d'ailleurs plus fréquents qu'on ne le croit. Encore convient-il là d'être vigilant sur la façon dont l'entreprise va traiter ces retours. En effet, il arrive que des collaborateurs, partis alors qu'ils dépendaient de tel manager, reviennent dans l'entreprise dans une position supérieure à ce manager qui pourra alors, selon les cas, en déduire qu'il n'est pas à la hauteur ou que la fidélité, décidément, ne paie pas !

Un entretien de départ est donc important, avec soit le manager direct, soit un responsable des ressources humaines, pour mieux comprendre ce qui a motivé la décision de partir du collaborateur et ce, quel que soit son statut, sa position. Souvent avancée comme explication, la proposition d'une meilleure rémunération par un concurrent est en général insuffisante et très rarement la seule. L'idéal est de pouvoir, à l'occasion de l'entretien, hiérarchiser les éléments qui ont conduit le collaborateur à faire ce choix, à prendre sa décision. Ce sont autant d'éléments d'informations, recueillis à un moment où les enjeux ne sont plus de même nature et donc *a priori* plus objectifs, qui vont pouvoir être utilisés, directement par le manager s'il voit que son mode de management est en cause et par l'entreprise pour éventuellement améliorer son marketing RH.

Dans certaines entreprises employant des travailleurs saisonniers, il est remis des questionnaires de satisfaction en fin de contrat afin d'améliorer les conditions d'intégration et de travail. Voilà une démarche simple et peu onéreuse de marketing RH comparable aux *guests comments* remis aux clients d'un hôtel ou aux passagers d'un vol long courrier.

Exemple **Livret d'accueil chez Elior**

Société de restauration de dimension européenne, Elior remet à chacun de ses nouveaux collaborateurs une plaquette à la fois très attrayante et très détaillée pour lui souhaiter la bienvenue dans le groupe. Ce document comprend une présentation d'Elior, avec les métiers et la vocation du groupe, le métier de la restauration collective, la restauration de concession, la qualité et la sécurité alimentaires, la philosophie d'Elior, sa stratégie, la communication interne. C'est un document très détaillé et richement illustré. Un second document, tout aussi bien présenté, remis dans la même chemise, concerne plus particulièrement la division du groupe que le salarié va rejoindre. On y détaille les implantations des filiales, les marques concernées par l'activité, la politique de ressources humaines, des détails très concrets sur la rémunération, la feuille de paie et le contrat de travail, les congés et enfin les exigences particulières liées aux métiers (accueil, hygiène, sécurité...). Ce document peut être personnalisé par chaque salarié, pour devenir un outil utilisé quotidiennement et donc consulté régulièrement.

Avec une intégration réussie, le collaborateur se dira : « J'ai été très bien accueilli dans cette société et j'ai envie d'y travailler. » Quelquefois, cela tient à de petites attentions comme par exemple l'inscription du nom du nouvel embauché sur un chevalet posé sur le bureau qui lui est attribué. Petite cause et grand effet.

Savoir intégrer ne s'improvise pas

Très structurée, personnalisée et étalée sur plusieurs rendez-vous, une intégration réussie constitue la première étape de l'implication et de la fidélisation du nouveau collaborateur.

Savoir accueillir, un acte de management

- L'arrivée du nouvel entrant doit être préparée et anticipée : son premier jour est décisif.
- Le lieu, l'équipement et le matériel sont autant d'éléments valorisants.
- La relation doit être individualisée.
- Une visite du site et une présentation de la personne aux équipes.
- L'attribution d'un parrain.
- Un pot d'accueil informel humanise une arrivée toujours déstabilisante.
- L'implication de la direction souligne l'intérêt porté au nouvel arrivé.

Procurer des repères

- Le livret d'accueil doit être le plus attrayant et pédagogique possible.
- Les journées d'intégration doivent permettre de rappeler des données essentielles, des valeurs, des règles comportementales au sein de l'entreprise, ainsi que de façon courte et simple ce qu'est la stratégie de l'entreprise.
- Le processus d'intégration doit être animé : travail en groupe, quiz, jeux de rôle...
- Il importe de présenter des exemples de carrières réussies dans l'entreprise pour matérialiser l'évolution professionnelle.

Favoriser l'écoute et tous les échanges

- Il est nécessaire d'effectuer un bilan de l'intégration et de lister les points d'amélioration possibles.
- Les informations et les relations doivent être de qualité.
- Il est instructif de tenir compte du « rapport d'étonnement » mettant en évidence les points (positifs ou non) que l'entreprise ne voit plus.

À chaque fois que cela est possible et quand l'activité le permet, mettez le nouvel arrivé en situation de client et faites-lui faire un séjour sur le terrain opérationnel s'il est destiné à occuper un poste fonctionnel.

L'essentiel

- **Réaliser une bonne annonce** (celle qui rapporte des candidatures qualifiées en nombre) quel que soit le support.
- **Bien intégrer un candidat**, c'est déjà le fidéliser.
- **Ne pas utiliser tel ou tel réseau social, simplement pour être présent**, sans mettre en place une organisation en amont pour « faire vivre les contenus ».

Chapitre 4

Fidéliser et développer une relation durable

Executive summary

- **Fidéliser des collaborateurs motivés** est essentiel pour le maintien de la qualité des services ou des produits de l'entreprise.
- **Développer une relation durable avec les collaborateurs**, c'est diminuer le *turn over* des salariés et donc c'est éviter des recrutements toujours difficiles et coûteux.
- **Ce chapitre montre en quoi cette fidélisation** et cette relation durable reposent sur des principes simples de management.

Depuis longtemps, les entreprises ont compris qu'il était aussi important de fidéliser leurs clients que d'en conquérir de nouveaux. Les études montrent qu'en période de crise, les stratégies de fidélisation l'emportent sur celles de conquête, tant il est vrai que conquérir un nouveau client coûte cher et est d'autant plus aléatoire que le pouvoir d'achat de celui-ci se restreint.

Transposons cette démarche marketing, commercialement éprouvée, aux ressources humaines. Quand les ressources sur le marché de l'emploi sont abondantes mais que les entreprises cherchent à diminuer leurs charges, la tendance pourrait être de remplacer les ressources les plus coûteuses par de nouvelles recrues, réputées moins chères. Mais la question n'est pas ici de savoir si cette pratique a été profitable ou non aux entreprises qui l'ont mise en œuvre. Même si cette pratique peut perdurer dans certaines activités, la situation est en train de changer et gare aux entreprises qui n'auront pas su ou pu l'anticiper !

Laisser partir des collaborateurs compétents lorsque des centaines de candidats se pressent à la porte de l'entreprise peut ouvrir de nouvelles opportunités. Cela présente en revanche de grands risques quand les candidatures qualifiées se raréfient et que le niveau de compétences effectivement disponibles tend à diminuer. C'est maintenant déjà le cas dans de nombreux métiers. Cette situation sera durable. C'est pourquoi fidéliser ses salariés devient vital, au moment où, paradoxalement, l'exercice devient plus difficile. Les comportements, nous l'avons vu, ont commencé à s'adapter à une instabilité devenue permanente, les mentalités ont changé vis-à-vis du travail et de l'entreprise. Qui plus est, la concurrence va mécaniquement se renforcer, non plus seulement sur les hauts potentiels, d'ores et déjà chassés au plan international, mais sur des profils plus courants.

Pourtant l'infidélité n'est pas une fatalité. Dans ce domaine également la mise en œuvre du marketing RH va porter ses fruits, sachant que, nous l'avons vu, la fidélisation s'inscrit dans la suite du processus initié en amont. On peut, en l'occurrence, parler d'attractivité interne, c'est-à-dire de la capacité à retenir le collaborateur en lui montrant, lui démontrant pourquoi il a intérêt à rester, avec à chaque fois des arguments patents, à travers des outils qui lui sont adaptés. Pour fidéliser, l'entreprise devra d'abord tenir ses promesses, tout en incitant ses collaborateurs à tenir leurs engagements. Aussi la fidélisation et ses expressions positives que sont l'implication et la motivation, apparaissent bien comme un travail de conquête et surtout de reconquête permanent, mutuellement profitable.

Dans *Le Parisien Économie*, supplément du 15 février 2016 – rédacteur en chef : Jean-Louis Picot –, on peut lire dans un article intitulé « Fidéliser » que, d'après l'observatoire de BPI Group, « un salarié sur trois se projette, dans les prochaines années, dans une autre entreprise ».

La fidélisation, pourquoi ?

Le coût du risque

Plusieurs éléments militent évidemment en faveur de la fidélisation des individus compétents, loyaux et impliqués dans une entreprise ou une organisation. Si personne n'est indispensable, les compétences sont en revanche de moins en moins interchangeables au fur et à mesure que les métiers se complexifient, faisant souvent appel à un assemblage d'expertises plus ou moins spécialisées. Trouver un remplaçant à une personne ayant, volontairement ou non, quitté l'entreprise, ne signifie plus seulement recruter un profil équivalent – ce qui déjà a un coût – mais intégrer cette personne dans les équipes, engager d'emblée une formation spécifique, avec les risques inhérents aux plans professionnel et relationnel.

Un départ représente souvent un risque. Et dans certains cas, à haut niveau, il arrive que des projets soient retardés dans des entreprises parce qu'un des membres de l'équipe est parti – et que l'on n'a pas su le retenir –, parfois chassé par le concurrent qui cherche ainsi à déstabiliser son adversaire ! Mais le phénomène ne concerne plus seulement les forts potentiels. À chaque fois qu'une ressource qualifiée devient rare sur le marché de l'emploi, cette pratique se développe. Dans le contexte que nous avons décrit pour les années à venir, elle risque donc de se généraliser, en particulier avec ces amplificateurs que sont les réseaux sociaux. Nous en avons eu un avant-goût au moment de la bulle Internet, quand les *webmasters* s'arrachaient à prix d'or.

Et puis, plus généralement, le turnover quand il est important, est un facteur de non-qualité ou de rupture dans le niveau de qualité produite par l'entreprise quelle que soit son activité. Prenons le cas du secteur des services, comment imaginer que dans tel magasin de confection, par exemple, où le turnover est de l'ordre de 50 %, le client soit satisfait de découvrir que la moitié des vendeurs a changé dans son établissement préféré. La qualité de service se fonde pour une large part sur une relation suivie et une personnalisation avec la clientèle.

Que dire, quand dans telle chaîne de restauration, on a observé un turnover de 400 % (c'est à peine croyable) ou autrement dit le changement de l'ensemble du personnel, en moyenne, tous les trois mois.

Dans de telles conditions de turnover, sans doute extrêmes mais réelles, comment peut-on espérer fédérer des équipes, établir un bon climat social ou mettre en place une démarche qualité ? Dans ce type de cas, la recherche imminente d'un minimum de fidélisation devient évidemment vitale.

Le coût d'un recrutement

Entre les honoraires facturés par un cabinet de recrutement, le salaire versé au nouveau collaborateur (sur une base de six mois), la faible productivité de celui-ci en période d'intégration, les effets internes de l'échec d'un recrutement et le processus de nouveau recrutement, les coûts directs et indirects s'expriment en plusieurs dizaines de milliers d'euros.

• • •

Cette somme doit être relativisée pour des profils non cadres, mais on peut dire que « le coût du départ d'un technico-commercial peut être à un peu plus de 20 000 euros, comprenant le recrutement et la formation du remplaçant et la perte de chiffre d'affaires. Il n'en reste pas moins que le coût d'un recrutement non réussi, y compris en termes sociaux, doit être pris en compte et, dans une certaine mesure, servir de base au calcul des investissements qui doivent être consentis par une entreprise pour réussir à conquérir et fidéliser ses nouveaux salariés. Autrement dit, un recrutement « à l'économie » et l'absence de politique de fidélisation conséquente peuvent avoir des coûts bien supérieurs aux dépenses que l'entreprise n'a pas souhaité engager en marketing RH. Reste au responsable de cette fonction à savoir fournir une justification de ces dépenses et surtout à en démontrer le retour sur investissement.

Le retour de l'émotion

Aujourd'hui encore, par exemple, les agences de télémarketing se disputent à grand-peine des télé-acteurs, les audioprothésistes manquent à l'appel, les entreprises de plomberie sont en pénurie de main-d'œuvre, et même l'armée peine à fidéliser ses recrues, comme nous l'avons écrit précédemment. Le bien connu « Engagez-vous, rengagez-vous » a beau avoir été actualisé en « L'armée, plus qu'un métier », ou, le plus impliquant « Je veux aller de l'avant pour que la liberté ne recule jamais », la réalité du terrain se révèle plus dure que sur les affiches et dans les discours où sont surtout mises en avant les valeurs d'aventure. Fidéliser quand la guerre devient réalité peut dès lors être ou non être une gageure.

Toutes proportions gardées, le monde des entreprises présente lui aussi des risques, nécessite une forme d'engagement, de challenge et quelquefois un stress qui pourront tout aussi bien être des éléments de motivation que des causes de rejet de la part des individus, selon la façon dont on les traitera. Se poser la question de la fidélisation conduit donc à envisager celles de la motivation, de l'implication, des objectifs poursuivis, bref à s'intéresser aux individus non plus seulement à travers ce qu'ils savent faire mais par ce qu'ils sont. Ne serait-ce que parce qu'elle oblige à prendre en compte l'humain dans ce qu'il a aussi d'émotionnel, la fidélisation devient pour l'entreprise un facteur d'enrichissement et de compétitivité indispensable.

Des motivations à la motivation

On a souvent trop eu tendance à l'oublier, l'entreprise est davantage qu'un lieu de travail, c'est un nouveau réseau dans lequel un individu va devoir s'insérer, travailler bien sûr, progresser, tisser tout type de relations, bref vivre. Ce qui a changé fondamentalement, et ceux qui avaient connu l'ancien modèle ont parfois eu du mal à s'adapter, c'est que l'espace-temps de l'entreprise n'est plus aussi strictement confiné dans des horaires et un lieu de travail, sinon encore sur le papier. Activités personnelles et professionnelles sont de plus en plus mêlées, du moins pour une partie grandissante des salariés. Les motivations principales de ces salariés pour rejoindre une entreprise ne sont plus seulement le niveau de rémunération et les perspectives de carrière, voire le prestige de la marque, mais bien plutôt les conditions dans lesquelles cette adéquation va pouvoir s'opérer entre des aspirations personnelles et professionnelles. Autrement dit, c'est aussi la capacité de l'entreprise à répondre à cette adéquation qui va créer de la motivation et de la remotivation chez chacun de ses employés.

Faut-il s'étonner, lors d'un recrutement en France, qu'un candidat s'inquiète souvent d'abord de la façon dont les 35 heures sont mises en œuvre dans l'entreprise que des perspectives de carrière ? Cette attitude qui tendrait à se généraliser n'est-elle pas simplement le reflet d'une époque où l'on cherche à avoir plus de prise sur l'organisation de sa vie personnelle, sachant que l'entreprise est le lieu de toutes les incertitudes ?

En déduire que les nouvelles générations (malgré tout hétérogènes selon qu'elles soient à un niveau Bac moins ou à un niveau Bac plus plus) ne souhaitent plus s'investir dans le travail serait cependant une erreur. Les entreprises doivent vraiment s'interroger sur ce qui motive leurs employés dans le travail. Même si le résultat n'a pas été à la hauteur des espérances de leurs promoteurs, le phénomène des start-up a montré que des équipes pouvaient se mobiliser sans compter, quand l'aventure était quotidienne. Qui n'a pas la nostalgie d'un travail peut-être moyennement payé, mais où le plaisir à le faire était omniprésent ? Comme disait la chanson anglaise : « *I know what I want and I want it now* » (Je sais ce que je veux et je le veux maintenant).

Mais en tout état de cause cette jeune génération gardera en tête la notion d'échange « gagnant/gagnant ».

Olivier Rollot, dans son livre *La génération Y* (Puf) nous rappelle un point : « Ce qui est vrai, c'est que les Y savent qu'ils ne passeront pas toute leur vie dans la même entreprise et, paradoxalement, veulent s'y épanouir. Ils veulent travailler mais pas à n'importe quel prix. Ils veulent réussir mais garder un certain confort de vie. Enfin ils investissent beaucoup dans la qualité du rapport humain. »

On pourrait ajouter qu'ils aiment le travail en groupe et le management collaboratif. À la question « Qu'appréciez-vous le plus dans votre travail ? », un chef de projet « Y » d'une grande entreprise avait répondu sans l'ombre d'une hésitation : « Le travail collectif et pluridisciplinaire. »

Il est clair que la qualité du management des femmes et des hommes des nouvelles générations participe à un engagement certes plus durable de ces dernières mais cependant pas illimité.

La nécessité de redonner le choix

Le besoin de motivation concerne tout le monde. Les nouvelles générations de cadres ont déjà intégré la nécessité d'être à la pointe de leurs compétences pour conserver leur liberté et rebondir facilement s'ils se retrouvent sur le marché du travail. Ils développent donc une forme de relation ambivalente avec l'entreprise dont ils attendent une formation à travers des projets innovants, pour devenir plus performants, sans pour autant avoir la volonté d'y faire carrière. Dès lors, la meilleure façon de fidéliser ses collaborateurs pour l'entreprise n'est-elle pas, paradoxalement, de leur donner en permanence la possibilité de choisir ? Car la routine et l'ennui précèdent de peu le désenchantement. Le temps est révolu où, en substance, le chef d'entreprise, ou même l'État, pouvait se contenter d'« offrir » à ses employés ou ses fonctionnaires, un travail et un salaire. En matière d'emploi, la demande a complètement changé de nature, elle est beaucoup plus complexe. La réponse n'est plus seulement une offre mais une promesse que l'entreprise doit tenir dans la durée.

Et cela sera d'autant plus difficile avec les nouvelles générations, répétons-le, que celles-ci n'inscrivent pas la notion de travail dans la durée. Ainsi tel jeune étudiant aimerait devenir instituteur, mais pour quelques années seulement puis souhaiterait faire autre chose ou tel autre jeune entrepreneur décide de créer une entreprise dont il sait que si elle devient prospère il la cédera dans 5 ans.

Et là encore, il est indispensable de rechercher pour les différents types de personnels quelles seront les sources de motivation à cibler. Dans certains pays, ou entreprises internationales, cette démarche sera encore plus essentielle. Même si des programmes de motivation génériques à l'entreprise sont mis en place, il est important de créer des systèmes individualisés ou de proximité, mieux adaptés aux besoins et aux cultures de chacun. Mais ne nous privons pas en tout cas d'innover en la matière, pour être au plus près de chacun et se différencier de la concurrence !

Dans un article du magazine *Manager* intitulé « Être à la fois un coach et un sélectionneur », Alexandre Malsch, fondateur de Melty (groupe de médias en ligne dédiés aux jeunes) déclare à la journaliste Isabelle Jouanneau : « Le but du jeu est de recruter des personnes avec qui l'on passe un contrat juridique mais aussi moral : "vous restez un certain temps dans notre entreprise (3 ans en moyenne) pour vivre une aventure et, pendant ces 3 ans, nous vous apportons de l'expertise, des outils, une nouvelle méthodologie, des responsabilités, un carnet d'adresses. En échange, vous nous apportez vos compétences, vos motivations, vos envies, vos idées. L'idée directrice est la suivante : pendant cette période, on essaye de travailler ensemble du mieux possible, en sachant d'ores et déjà qu'interviendra un moment où l'un d'entre nous n'apportera plus rien à l'autre. Il faudra alors que chacun continue son aventure de son côté, avec d'autres personnes, d'autres envies, d'autres horizons." Le second élément dominant chez Melty est que chaque personne doit être dans une logique de coach et comprendre que, sur le terrain, elle doit s'entourer de joueurs bien meilleurs qu'elle-même. »

La mobilité et la gestion des carrières

Même si bon nombre d'entreprises ne s'engagent plus sur un plan de carrière dans un contexte nouveau où cette notion a profondément changé, il est nécessaire de donner aux salariés de la visibilité sur leur futur professionnel et de favoriser cette mobilité.

On doit parler désormais de carrières au sens large, dans la mesure où il s'agira de plus en plus de carrières dites « plates », c'est-à-dire qu'elles permettront au salarié d'évoluer sans forcément « grimper » dans la hiérarchie mais en intégrant une nouvelle fonction dans des métiers périphériques au sien, nouveaux ou non. Il pourra s'agir dans certains cas de changement de métier grâce notamment à la formation en fonction des besoins de l'entreprise ou des aspirations du salarié.

Mais en tout état de cause, l'entreprise doit montrer les perspectives, les étapes suivantes possibles dans tel ou tel métier. Cette visibilité sera d'autant plus importante pour les jeunes arrivants qui admettront plus facilement des contraintes professionnelles si elles sont considérées comme temporaires et porteuses d'avenir, d'évolution sociale.

Il faut également informer régulièrement sur les offres d'emploi internes de façon exhaustive et sur les passerelles intermétiers et interactivités. Elles donneront de la transparence à la démarche et montreront concrètement les opportunités possibles dans l'entreprise et les possibilités d'employabilité.

Une fois de plus, les nouvelles technologies vont faciliter cette gestion de la mobilité interne. Le réseau social interne va devenir un instrument important de cette mobilité interne dans la mesure où les salariés exprimeront leur souhait d'évolution, échangeront sur les métiers avec les collègues, consulteront en libre-service les *job descriptions*, poseront des alertes pour être informés quand un poste correspondra à leur demande. C'est tout simplement la logique et les codes des réseaux sociaux qui intègrent l'entreprise.

L'indifférence qui blesse

Fidéliser, c'est aussi passer de la connaissance à la reconnaissance. Et cette reconnaissance ne doit pas être réservée à certains mais elle doit « toucher » cent pour cent des salariés dans les entreprises.

Prenons l'exemple des infirmières, mais on pourrait également citer les enseignants, les policiers, ou les marins pêcheurs : de quoi se plaignent-ils, aussi, lors de conflits sociaux ? D'un manque général de reconnaissance. Conséquence : ils ne se sentent plus respectés par les malades, les parents d'élèves, les élèves, le public en général. La question de la rémunération, souvent présentée comme centrale, n'est finalement pas la seule.

Dans les entreprises, le phénomène est identique. Un collaborateur est engagé, il fait son travail, il est régulièrement payé, il en fait un peu plus quand il le faut, il est encore régulièrement payé, il n'est jamais absent, il accepte d'être moins augmenté car la conjoncture est difficile pour son entreprise, il est toujours régulièrement payé. Et puis un jour, cet employé exemplaire s'en va chez un concurrent. Et bizarrement, son salaire de départ n'y est pas nécessairement beaucoup plus élevé, alors qu'on lui confie des responsabilités supplémentaires. Alors pourquoi est-il parti ? On lui offre par exemple l'opportunité de travailler à l'international, ce que son ancien employeur n'avait jamais fait pour lui, pour la simple raison qu'il ignorait ce souhait.

Comment parler de reconnaissance quand il n'y a pas connaissance ? Même si les procédures de recrutement tendent à s'affiner, que sait-on réellement d'un collaborateur nouvellement engagé ou, et c'est plus grave, d'un employé de longue date ? Même si l'on connaît ses qualités et que l'on croit connaître ses motivations et attentes, se donne-t-on les moyens d'en suivre l'évolution régulièrement ? De le reconnaître ? Plus souvent qu'on le croit, la reconnaissance est le fruit de comportements simples mais d'autant plus forts qu'ils se font rares. À quand remontent les dernières félicitations explicites adressées à un collaborateur pour le travail réalisé ? Souvent, améliorer l'écoute permettra de mettre à jour chez celui-ci des ressources insoupçonnées. Et comme nous l'avons mentionné, pensons dans toute la mesure du possible à réaliser un entretien de départ pour tirer des enseignements pour l'avenir.

Certaines entreprises réalisent un entretien de démission pour pointer les dysfonctionnements. Un questionnaire en ligne est adressé au salarié après son départ pour compléter les raisons invoquées dans un premier temps. En outre, la DRH peut le joindre au téléphone pour connaître les raisons profondes de son départ et éviter que cela se reproduise.

Les bases de connaissance

En tout état de cause, la capacité de fidéliser de l'entreprise va bien d'abord dépendre de sa volonté de mettre en place un système performant de connaissance et de reconnaissance de ses salariés. Ensuite, que cette reconnaissance se traduise par un programme structuré ou tout simplement par une prime, une promotion, une « récompense » ou un mot personnel du dirigeant n'a qu'une importance plus ou moins secondaire, selon les cas, et devra être adaptée aux besoins de la personne et aux moyens de l'entreprise. Mais, en tout état de cause, tous ces éléments matériels ne peuvent se substituer à ce que chaque individu souhaite également comme gage de fidélité : le respect.

Il arrive encore, dans des entreprises, de voir des salariés qui en arrivent à des actes extrêmes parce qu'ils ne se sentaient pas considérés à leur juste valeur. Considération, reconnaissance, respect des valeurs participent considérablement à une ambiance de travail dont plusieurs études montrent qu'elle figure au premier rang des demandes des étudiants et des jeunes actifs.

La participation dans tous les sens du terme

Les aspirations individuelles

Même si les salariés sont malgré tout attachés à leur travail, ils ont des liens distendus avec le *management* et l'entreprise. Dans ce contexte, l'amélioration des conditions de vie dans l'entreprise, à travers notamment l'individualisation de ses rapports avec ses salariés, devient une priorité pour les fidéliser. Que faut-il entendre par individualisation ? C'est la prise en compte de l'individu en tant que tel et non plus seulement comme exerçant une fonction déterminée dans l'entreprise. C'est l'acceptation de l'expression de besoins, d'idées, de désirs pouvant dépasser le cadre de la mission impartie. C'est enfin l'association des individus à l'amélioration des performances de l'entreprise à travers différents modes de rémunérations complémentaires à leur salaire.

Les individus cherchent du sens et les entreprises peuvent leur en offrir à travers les missions confiées. Encore chacun doit-il se sentir associé au projet collectif en en saisissant les tenants et les aboutissants, et en comprenant le pourquoi. Chacun à son niveau doit pouvoir contribuer aux progrès de l'entreprise, voir ses initiatives encouragées dans toutes sortes de domaines et ses suggestions prises en considération. Là encore, cette exigence revisitée sous l'angle du marketing RH contribue à la performance de l'entreprise en général.

Dans le journal *Le Monde* du 25 avril 2016, on peut lire un article de Lorraine de Foucher intitulé « L'émiettement des tâches au bureau donne à beaucoup le sentiment d'occuper un emploi dénué de sens. Les "jobs à la con" sont-ils le mal du siècle ou seulement une étape dans la mutation du travail ? ». Cet article reprend les propos d'une salariée qui déclare : « On fait des études avec l'impression qu'on a plein de choses à dire au monde, et on arrive sur le marché du travail dans de grandes sociétés où on est juste un tout petit maillon de la chaîne, avec notre badge, notre petit bureau d'open space dans la tour immense, et la machine à café comme seul horizon. On se sent un peu arnaqués. » La journaliste écrit ensuite : « Ils déploient alors des trésors d'inventivité pour aller chercher ailleurs un sens qu'ils ne trouvent plus. »

Exemple **Prendre en compte l'épanouissement personnel**

Dans une société de services dont les employés sont en contact permanent avec les clients, le sourire est le symbole de l'accueil. Le responsable de ces personnes qui font face aux clients pourra répéter mainte et maintes fois : souriez... le sourire s'estompera pour ne devenir qu'un rictus. Ce n'est pas simple de « jouer », en direct, surtout pour des jeunes, son rôle devant le client. C'est la formation qui permettra de faire comprendre comment répondre à une objection de la clientèle, comment détendre le client, comment positiver la relation, autrement dit « se sentir bien » dans son comportement, son savoir faire et son savoir être.
Ajouter à cela un management attentif, de proximité, et le résultat sera un épanouissement professionnel dont le sourire constituera l'expression naturelle et durable.
Cette notion de management de proximité est essentielle dans un monde très connecté qui rapproche les gens mais qui les isole en même temps. Notons par ailleurs que le manager est, me semble-t-il, de plus en plus un élément stabilisateur pour des salariés jeunes qui ont de plus en plus souvent une structure sociale déséquilibrée, et qui manquent de repères.

Sachons nous rappeler que les employés heureux font les clients heureux qui font les actionnaires heureux... et réciproquement.

La voix au chapitre

Qui ne connaît une anecdote dans laquelle est mis en scène ce personnage dans une entreprise qui, interrogé un jour incidemment « à contre-emploi » par son patron, émet l'idée géniale à laquelle personne n'avait pensé.

Exemple **Une solution toute simple**

Ainsi, authentique ou inventée pour la légende, l'histoire de Colgate cherchant désespérément à augmenter ses ventes de dentifrice.
Les réunions marketing succèdent aux réunions, avec force cafés apportés par l'employé chargé de cette tâche peu valorisée. Assistant aux échecs répétés et voyant le stress de l'équipe croître, l'employé demande s'il peut faire une suggestion. Sous l'œil dubitatif mais résigné de l'assistance, le boss lui donne la parole :
« Et si vous agrandissiez le trou ? » ose-t-il. Colgate multipliera ses ventes de dentifrice.

Combien d'entreprises encouragent-elles leurs livreurs, leurs opérateurs, leurs ouvriers à faire des suggestions, transmettre des informations, combien leur donnent la possibilité de s'adresser directement à un responsable chargé de prendre en compte leurs remarques et d'y donner suite, le cas échéant ? Le livreur peut jouer un rôle primordial pour enrichir une base de données clients, un opérateur téléphonique confronté à un scénario non prévu dans le script qui lui a été fourni peut contribuer à l'amélioration du service ou des ventes, pourvu qu'on l'autorise à faire remonter l'information et surtout qu'il ait l'impression que cela sera suivi d'effet !

Exemple **Créativité à tous les rayons chez Decathlon**

Comme en proposant aux clients des idées de produits nouveaux ou améliorés que des salariés ont trouvées, par exemple en pratiquant la pêche dans une rivière ou le football sur un terrain et en observant les sportifs qui s'adonnent au même sport qu'eux. C'est ce que nous pourrions appeler la réalité du terrain.

C'est paradoxalement au moment où les entreprises mettent en place de plus en plus de *process* qu'il faut compenser le sentiment de perte d'autonomie qu'ils induisent par une plus grande place donnée à la prise en compte des demandes particulières. Non seulement ce type de démarche doit être permis, mais il doit aussi être récompensé. Cette approche marketing bouscule quelque peu l'idée selon laquelle l'entreprise était une organisation indifférenciée où toute mise en vedette des individus restait exceptionnelle et devait s'effectuer selon des règles bien précises. Dans certains pays, comme la Chine ou le Japon, la mise en valeur de l'individu n'a de sens qu'à travers celle de l'équipe dont il fait partie. En France, le respect encore trop souvent formel de la hiérarchie limite le développement de la valorisation des « chevilles ouvrières ». Pourquoi, dès lors, ne pas récompenser aussi les managers qui auront su le mieux valoriser leurs collaborateurs ou plutôt leur auront donné la possibilité de mettre en œuvre des initiatives de toutes sortes ? Il convient là encore d'étudier les motivations de chaque population afin de valoriser différentes formes de participation à la vie de l'entreprise et à son évolution.

Empowerment

Ce mot anglais qui contient le mot *power* – pouvoir – est difficile à définir. Nous emprunterons la définition écrite dans le livre *L'empowerment : donner le pouvoir d'initiative aux salariés* (Dunod, 2016) qui le définit ainsi : « C'est une habilitation, quelquefois prédéfinie ou délimitée, permettant à un collaborateur ou à une équipe auxquels on en donne les moyens de prendre des initiatives et des décisions dans leur périmètre d'actions et possiblement en dehors de leurs descriptions de postes. Et ce, d'autant plus que l'action et la décision permettront une meilleure prestation au client ou une meilleure performance pour l'entreprise, à condition bien sûr que cette initiative respecte les règles, le droit et l'éthique de la profession. Enfin, cette capacité d'agir permettra également au salarié de se sentir plus épanoui dans son travail et de bénéficier d'une forme de reconnaissance qui pourra avoir plusieurs aspects. »

Pour bien cerner le concept, il faut immédiatement ajouter un terme – « encore » anglais – en face d'empowerment. C'est le mot *accountability*, c'est-à-dire responsabilité. En effet, on ne peut pas mettre en œuvre cette nouvelle forme de pouvoir donnée aux salariés sans que ces derniers se sentent responsables, engagés et partants. Nous pourrions résumer cela en deux phrases qui correspondent aux deux faces d'une même médaille : le manager disant : « Je donne du pouvoir » et le managé répondant : « Je suis responsable et j'accepte explicitement ou implicitement ce pouvoir. »

Cet *employee empowerment* doit s'appuyer sur plusieurs principes de base.

Les collaborateurs peuvent hésiter à prendre une décision, considérant que ce n'est pas dans leur fonction ou qu'ils ont besoin d'être rassurés par des règles à suivre.

Le premier principe sera donc la reconnaissance du « droit à l'erreur », c'est-à-dire une absence de sanction en cas d'initiative « malheureuse ».

Deuxième principe : il s'agit de bien communiquer sur ce que recouvre cette notion d'*empowerment* et de bien expliquer que c'est un élément de management bénéfique pour les clients et les collaborateurs.

Troisième principe : il est indispensable de mettre en situation les employés à travers des formations concrètes et des jeux de rôle.

Enfin comme nous l'avons signalé, il ne s'agit pas de « tout permettre » aux équipes mais bien sûr, a contrario, il ne faut pas trop limiter les possibilités de responsabilisation. Cela aurait pour conséquence « d'étouffer la mise en œuvre ».

Cet *employee empowerment*, quand il devient consubstantiel à l'ensemble du management de l'entreprise, suppose une valeur de confiance qui constituera des progrès en termes de fidélisation des équipes. Dernier avantage et non le moindre, cette démarche sera génératrice d'innovation au sein de l'entreprise.

Exemple **Boîte à idées électronique**

Autrefois, pour stimuler leur créativité, les entreprises utilisaient la boîte à idées. Aujourd'hui, des sociétés ont transformé cette boîte en une base de données électronique. Là encore, grâce aux nouvelles technologies et à un réseau social interne, une plateforme collaborative, les remontées d'idées sont plus rapides, et peuvent être partagées par l'ensemble des collaborateurs. Ce type de programme peut fournir d'excellentes idées aux entreprises, et créer par là même un sentiment de reconnaissance, de prise en compte ; c'est enfin une source supplémentaire d'émulation, de participation et d'implication des collaborateurs. Bien sûr ce type de dispositif ne doit pas empêcher de chercher à mettre en place des programmes d'innovation plus globaux, notamment grâce aux réseaux collaboratifs internes.

« Une participation sonnante et... balbutiante »

Le mot participation évoque d'abord la rémunération complémentaire que touchent les salariés dans les entreprises où ces accords ont été contractés. Le paradoxe est que nombre d'entreprises ne savent pas valoriser cette forme d'avantage concurrentiel auprès de leurs salariés, alors qu'il constitue un élément de fidélisation non négligeable. A la participation « légale », – s'appliquant en France de la même façon à toutes entreprises de plus de 50 salariés – peuvent en effet s'ajouter d'autres formes d'intéressement contractuels, suivant également les performances financières des entreprises.

Les rémunérations complémentaires

Voici quelques exemples de ce que l'on appelle les rémunérations complémentaires qui forment le « total cash » et autres formes d'avantages.

- La prime de participation aux fruits de l'expansion.
- L'intéressement collectif.
- L'épargne et l'actionnariat des salariés :
  - Le plan d'épargne d'entreprise.
  - Le fonds commun de placement d'entreprise.

• • •

- L'actionnariat des salariés (attribution d'actions de performance, augmentation de capital réservée aux salariés...).
- Le compte épargne temps.

- La protection sociale complémentaire :
  - La prévoyance.
  - Le plan d'épargne retraite.
  - La retraite complémentaire ou surcomplémentaire.
- Les primes exceptionnelles.
- Les bonus et primes sur objectifs individuels.
- Les avantages en nature, de type téléphone, ordinateur portable, véhicule de service ou de fonction.

Dans certaines entreprises, la participation et l'intéressement peuvent atteindre, voire dépasser, 30 % du salaire annuel. Encore faut-il bien communiquer sur les différents dispositifs proposés aux salariés ; non seulement au moment de l'embauche en faisant ressortir la notion de rémunération globale mais tout au long de la carrière du collaborateur dans l'entreprise.

Des entreprises ont déjà décidé de faire parvenir à leurs salariés un « avoir social » comprenant outre le montant du salaire, celui des primes, de la participation, de l'intéressement, ainsi que des cotisations et des prestations retraites ou encore des rentes éventuellement versées au titre de la prévoyance.

Exemple

Le bilan individuel de rémunération global

Également appelé bilan social individualisé, il permet aux salariés de donner une vision globale de leur rémunération au sens large. En effet, il va permettre, grâce à un document clair, complet et personnalisé, de faire prendre conscience de l'ensemble des avantages sociaux mis en place dans l'entreprise. Encore peu pratiqué par les entreprises françaises, souvent par méconnaissance, il participe également de la fidélisation des salariés qui comprennent rapidement ce qu'ils auraient à perdre en quittant l'entreprise.

• • •

Contenu d'un bilan individualisé

- Salaire de base
- 13e mois
- Rémunération variable
- Épargne salariale
- Intéressement
- Participation
- Abondement
- Prévoyance
- Retraite
- Formations suivies/DIF
- Congés, RTT
- Titres restaurant
- Prime de fidélité
- Chèques Vacances, Chèques Cadeaux...

Bien sûr ces informations seront mises en forme grâce des graphiques et des commentaires explicatifs et personnalisés qui vont créer un élément supplémentaire de reconnaissance du salarié. En outre ce document mettra en évidence un chiffrage de tous les avantages dont le salarié n'a pas toujours conscience.

De fait, des études menées au sein de grands groupes ont montré que les salariés ayant suivi des formations qualifiantes, qui les valorisent, sont plus fidèles que la moyenne des collaborateurs. Aujourd'hui, l'e-learning et la formation à distance permettent de renforcer l'accès à la formation par le plus grand nombre et ainsi de mieux accompagner l'évolution professionnelle de chacun.

On a observé que les entreprises de service qui présente un ratio de formation élevé obtiennent un niveau de qualité de service supérieur et un taux de *turn over* moins élevé que la moyenne du secteur.

Quelques éléments parmi d'autres pour motiver et retenir les salariés

- Renforcer la transparence des offres d'emploi internes et de la gestion des carrières, faciliter la mobilité et l'évolution professionnelle – grâce aux nouveaux outils comme le réseau social interne.

• • •

- Reconnaître les talents et mettre à profit les potentiels, y compris en termes d'aptitudes personnelles.
- Communiquer explicitement l'ensemble des avantages de l'entreprise (par exemple, la rémunération globale) et imaginer des avantages inédits.
- Faire participer dans tous les sens du terme les collaborateurs aux résultats et à l'évolution de l'entreprise.
- Développer des politiques de formation dans un objectif de développement de carrière et donner de la visibilité au futur social.
- Renforcer les capacités de management des équipes dirigeantes, clé de voûte de la confiance de leurs collaborateurs grâce à une mise à disposition d'outils de communication pour leur permettre de jouer plus facilement leur rôle d'animateur d'équipe.
- Créer des systèmes de reconnaissance originaux et adaptés selon les salariés.
- Développer un dialogue permanent avec chaque collaborateur et un système de feedback régulier.

Les avantages à la carte

La personnalisation des acquis

Ce que l'on appelle dans une entreprise les avantages sociaux a déjà fait ses preuves en matière d'attractivité et de fidélisation. Qu'il s'agisse des tickets restaurants, de la formation, de la mutuelle ou de la retraite complémentaire, ces avantages, en France, sont aujourd'hui considérés comme acquis, du moins dans les grandes entreprises.

Les entreprises qui les ont déjà mis en œuvre vont maintenant s'employer à personnaliser ces avantages, comme certaines ont déjà commencé à le faire. Ce phénomène de personnalisation a déjà été initié par des comités d'entreprise qui ont, par exemple, revu leur politique d'attribution de bons d'achats lors des fêtes de fin d'année parce qu'elle avantageait les familles avec enfants au détriment de la classe montante des célibataires. Selon cette même logique marketing, les entreprises vont proposer des avantages différents selon les besoins de chaque catégorie de personnel puis de chaque salarié. Des sociétés de services se sont d'ores et déjà positionnées pour permettre aux salariés d'une entreprise d'accéder à des programmes de services et d'avantages pratiques. En coordination étroite avec l'entreprise et après une étude interne, ces sociétés proposent à leurs salariés, via un extranet ou un centre d'appels, des services adaptés aux besoins de chacun. Un tel programme mis en œuvre chez Total avait ainsi généré plus de 10 000 connexions dans la semaine ayant suivi sa création.

Exemple **Services aux salariés**

Se fondant sur l'analyse des besoins des salariés vis-à-vis de leur travail et de leur entreprise – bonne ambiance, intérêt, épanouissement – de ce dont ils souffrent en majorité – le stress –, de ce qui leur manque – des services personnels sur leur lieu de travail –, des sociétés de services permettent par exemple aux collaborateurs d'une entreprise de contacter gratuitement et en toute confidentialité des conseillers « vie pratique ».
Ces conseillers ont pour rôle de simplifier la vie des salariés au quotidien dans différents domaines : habitat, scolarité, loisirs, assurance. De plus, ces sociétés proposent de mettre à disposition un concierge qui est présent physiquement dans l'entreprise pour rendre différents services (par exemple, le pressing du personnel).
La composition de l'offre pourra être différente selon la population de l'entreprise ou sa localisation. En tout état de cause, particulièrement dans les grandes villes où les temps de transport sont plus longs, le stress plus important... ce type de programme permet concrètement d'enrichir sensiblement et de façon originale son offre employeur.

La reconnaissance et les avantages sont adaptables également selon les pays, par exemple dans une entreprise internationale : chaque année, la filiale d'une chaîne hôtelière en Égypte sélectionne le meilleur employé dans chaque hôtel du Groupe dans le pays afin d'inviter chacun d'entre eux à La Mecque (Arabie saoudite). Tous les employés sont éligibles à ce programme de reconnaissance et la sélection se fait sur la base de la performance.

Là encore, il s'agit de choisir des services qui à la fois répondent aux besoins de chaque catégorie de salariés et correspondent aux finalités de l'entreprise.

Autre exemple, principalement dans les villes importantes, la crèche privée peut s'adresser aux grandes entreprises comme aux PME. Ces crèches peuvent être interentreprises et réserver des places en fonction de la localisation de la société. Moins de stress et moins de transport pour les parents qui sont plus heureux de savoir leurs enfants à quelques encablures.

Toutefois, on note qu'une majorité d'employeurs en France n'est pas encore convaincue pas ce type de « services aux salariés ».

Ce n'est pas le cas aux USA, où une entreprise a même mis en place « une école maternelle d'entreprise ». C'est sans doute ce qu'on pourrait appeler un « management maternaliste »...

La contrepartie de ce genre de solutions et la qualité de vie du cadre professionnel sont une plus grande implication des salariés dans leur travail et évidemment un élément supplémentaire de motivation.

Attention : tous ces services proposés, quelquefois spectaculaires comme on a pu l'observer dans les sièges de la Silicon Valley, ne peuvent en aucun cas constituer des enjoliveurs d'un management ou d'une politique de ressources humaines défaillants.

Exemple **Personnalisation avec le *cafeteria system***

Culturellement moins réticentes au marketing que les entreprises du vieux continent, des firmes américaines ont adopté le concept de fiche de paie à la carte. Leurs salariés peuvent choisir d'affecter leur rémunération plutôt au renforcement de leur couverture sociale ou à celui de leur retraite complémentaire, par exemple. Chez FleetBoston Financial, les employés sont autorisés à acheter et à vendre des jours de vacances. En Europe, de plus en plus d'entreprises proposent à leurs salariés de choisir entre tel ou tel avantage. Désormais, en France, des groupes de travail composés de jeunes « Y » réfléchissent pour trouver comment on pourrait proposer aux salariés d'une entreprise d'être décideurs dans le choix ou l'utilisation de leurs avantages sociaux.

Du contenu pour l'intranet ou le réseau social interne

Les nouvelles technologies facilitent grandement la mise en œuvre de services personnalisés. Via le réseau interne de leur entreprise, le cas échéant accessible à partir de bornes pour celles et ceux qui ne disposent pas d'un ordinateur individuel, les collaborateurs peuvent gérer leur programme eux-mêmes, en choisissant par exemple les options de leur mutuelle (lunettes, soins dentaires, etc.) dans le cadre du forfait global négocié par l'entreprise, en alimentant leur plan d'épargne entreprise, en choisissant l'emploi du temps le mieux adapté parmi les possibilités permises et proposées...

La mise en ligne d'informations intéressant personnellement le salarié va inciter les plus réticents à se connecter et donc à accéder également aux informations concernant plus directement l'entreprise. Comme l'ont en effet révélé plusieurs enquêtes les salariés dans nombre d'entreprises utilisent peu l'intranet car ils n'y trouvent que des informations institutionnelles, certes importantes, mais d'une part souvent disponibles par ailleurs et d'autre part pas toujours essentielles pour leur travail et leur vie au quotidien. Certaines entreprises mettent en ligne un véritable portail RH donnant accès à des informations intéressant précisément les salariés.

D'aucuns vont même jusqu'à parler d'ERM (*Employees Relations Management*[1]) par analogie au *Customers Relations Management*[2].

Ces portails de ressources humaines, ouvrant véritablement un couloir virtuel d'informations et de services, seront d'autant plus visités qu'ils donneront, en direct, tous les outils nécessaires pour conduire sa carrière et son évolution professionnelle, ainsi qu'une série d'informations qui concernent les salariés dans leur vie de tous les jours (solde de vacances, informations sociales, actions du comité d'entreprise...).

L'ensemble de ces informations sera d'autant plus pertinent que, compte tenu de la souplesse de ces technologies, l'actualisation sera

1 En français, gestion des relations avec les employés.
2 Outil informatique de gestion des relations avec les clients d'une entreprise.

permanente et le ton ainsi que le contenu parfaitement adaptés aux publics qui auront ouvert les « portes virtuelles » des rubriques qui leur correspondent (grâce à une individualisation des services et informations proposés).

Enfin, l'analyse des chiffres des visites montrera de façon claire les rubriques qui doivent être modifiées, améliorées pour leur redonner de l'intérêt aux yeux des salariés. Certaines entreprises ont signé des accords avec des syndicats pour laisser à ceux-ci une rubrique d'expression sur l'intranet.

Désormais, reflet de ce qu'ils utilisent dans leur vie quotidienne, les salariés attendent et vont trouver de plus en plus, sur leur lieu de travail, des réseaux sociaux internes qui permettront aux entreprises de créer un fonctionnement et une organisation collaboratifs. À noter : une majorité des Français attend que leur entreprise mette en place un réseau social capable de créer du lien entre les collègues.

Du bien faire au bien-être

En termes de fidélisation, les services à la carte, combinés à l'utilisation des nouvelles technologies, sont autant d'opportunités à développer pour les entreprises, en complément et si possible en synergie, comme nous l'avons signalé, avec ce que propose le comité d'entreprise, quand il existe. Il s'agit ni plus ni moins que de changer la vie au sein des entreprises et de réhabiliter la notion de bien-être professionnel dans un univers qui a trop vite transformé ses structures, au détriment des repères nécessaires à l'équilibre des hommes et des femmes qui y travaillent.

Il existe « cinq pistes pour cultiver le bien-être au travail » nous dit l'association Entreprise et Progrès dans son cahier « Bien être et préventions ».

Ces cinq piliers générateurs de bien être au travail, selon l'Agence Nationale pour l'amélioration des conditions de travail sont : « mon travail a un sens ; la charge de travail est supportable ; le travail ne se déroule pas dans un grand isolement de bout en bout ; il fournit une occasion de développement personnel et professionnel ; la reconnaissance du travail est possible. Cinq piliers auxquels il convient d'associer une juste rémunération ».

La carte de fidélité

À l'instar de celle délivrée à leurs clients, certaines entreprises donnent une carte à leurs collaborateurs qui peut être personnalisée et offrir tel ou tel avantage substantiel sur des produits et des services, dans l'entreprise et à l'extérieur. Ces avantages peuvent être choisis en fonction de leur originalité et surtout de leur application effective. Quelle « fierté d'appartenance » et quel sentiment de privilège pour les porteurs de cette carte d'être particulièrement bien traités lorsqu'ils la présentent ! Il convient cependant d'intégrer dans la mise à disposition de tels outils tout ce qui touche à l'animation du programme d'avantages : une démarche dont il ne faut pas sous-estimer la charge et l'enjeu !

Henry Engelhard, président d'Admiral, un groupe international d'assurance, exprime de façon originale le bien-être en entreprise. Il déclarait dans une émission de radio que les gens qui aiment ce qu'ils font, travaillent mieux.

Pour lui, quatre axes sont déterminants :

- La communication avec les salariés et l'échange sur, par exemple, l'explication de l'activité de l'entreprise.
- L'égalité entre les collaborateurs comme ce peut être le cas à l'égard des bureaux, où dans son entreprise il n'y a pas de bureaux privés car tous les salariés, quels qu'ils soient, sont en open space.
- La récompense. Par exemple à l'occasion de son départ en retraite, Henry Engelhard a gratifié tous les salariés du groupe d'une prime individuelle de 1 000 livres, c'est-à-dire environ 1 200 euros.
- Le « *fun* » car le président pense qu'il est indispensable que l'entreprise soit un endroit où les gens aiment venir travailler tous les jours.

Ce dernier point n'est pas très éloigné de ce que Frédéric Mazzela, président de Blablacar, a déclaré à plusieurs reprises. Il préconise, entre autres, le « *fun and serious* » dans son entreprise. Le sérieux individuel permet le sérieux collectif car, sans sérieux individuel, le travail sera de moins bonne qualité et il y aura des tensions professionnelles. Et le « *fun* » permet, lui, de décompresser et de motiver les équipes.

Témoignage

Lorsqu'au début des années soixante-dix, à San Francisco, Robert Levering s'est intéressé au bien-être au travail, il devait être une des rares personnes concernées par le sujet !

C'est parce qu'il était journaliste et que le sujet lui semblait inexploré, que Robert s'est lancé avec autant d'enthousiasme dans cette aventure qui se résume aujourd'hui par la mission que nous portons dans le monde : « Construire une société meilleure en aidant les entreprises à transformer durablement leur environnement de travail. »

Depuis la publication de son premier livre en 1984 – Cent entreprises où il fait bon travailler aux États-Unis – l'institut Great Place to Work® a bien grandi et aujourd'hui il est présent dans cinquante pays pour faire partager au plus grand nombre une vision simple : « Ancrer le bien-être au travail au cœur de la performance. »

Le temps est révolu où il suffisait d'avoir « un nom » pour attirer systématiquement les meilleurs potentiels. La révolution numérique a fait « tomber les murs » et très souvent, ce qui se passe à l'intérieur d'une entreprise se sait à l'extérieur.

Ainsi se font et se défont les réputations.

Il convient donc, objectivement, d'être reconnu sur une période significative comme une entreprise où il fait bon travailler pour accroître son attractivité en dehors de son cercle d'influence mais aussi pour fidéliser ses meilleurs éléments.

C'est ce qu'ont remarquablement réussi à faire des sociétés aussi différentes que Leroy Merlin, PepsiCo, Accuracy, WL Gore, Davidson Consulting ou Mars. Elles illustrent parfaitement le fait

• • •

qu'être une entreprise où il fait bon travailler, et donc, particulièrement attractive, n'est pas une question de taille ou de secteur d'activité.

Toutes ces organisations ont en commun d'être particulièrement performantes économiquement. Il est intéressant de constater comment de jeunes entreprises issues de la net économie comme Criteo, Blablacar, Aramis auto.com ou Sarenza y côtoient aussi bien C'Pro que Mc Donald's ou Valrhona.

Le bien-être au travail est un enjeu stratégique mondial pour les entreprises et aucune ne peut aujourd'hui faire l'économie d'une réflexion sur le sujet.

Il existe pourtant des spécificités régionales, voire locales : les pays nordiques comme le Danemark ou la Suède se sont attachés depuis longtemps à encourager les entreprises à être des organisations où il fait bon travailler.

Great Place to Work® existe depuis plus de 20 ans au Brésil et en Corée, qui eux aussi ont été des précurseurs.

Lentement mais sûrement, la France s'est emparée du sujet. De plus en plus de dirigeantes et dirigeants ont compris que mettre l'humain au cœur de leur stratégie était un pari gagnant. Toutes les entreprises évoquées créent des emplois et gagnent des parts de marché, ce n'est pas par hasard.

Et si le bien-être au travail était un atout trop souvent ignoré pour inverser la courbe du chômage ?

Patrick Dumoulin – Directeur général de Great Place To Work France

La confiance, clé de voûte de la fidélité

Un contrat

Les entreprises qui ont le mieux réussi dans la fidélisation de leurs clients sont celles qui ont instauré avec eux une relation de confiance.

Exemple

Darty a été le premier à proposer un « contrat de confiance » à ses clients qui savent exactement dans quelle mesure ils disposent d'un service garanti pour leurs appareils ménagers.
Europ Assistance, pionnier sur cette activité, a longtemps conservé une longueur d'avance sur ses concurrents grâce à la confiance du public en ses services.
Les banques ont réussi à faire adopter la carte bancaire de paiement par un très grand nombre d'utilisateurs en fiabilisant le système en permanence et en les couvrant en cas de perte ou de vol.

On pourrait multiplier les exemples. C'est exactement le même objectif que doivent poursuivre les entreprises pour fidéliser leurs collaborateurs.

Les paroles… et les écrits

Grâce à l'esprit marketing RH, partagé par chaque manager et responsable d'équipe, l'entreprise est capable de garder la trace de cette promesse car, nous l'avons vu, elle est une déclinaison logique du positionnement adopté et traduit systématiquement à travers les différentes actions. Elle n'a donc pas été lancée « au hasard ».

Non ! Elle est construite, inscrite dans un discours, rappelée dans des documents. Elle fait l'objet d'une évaluation régulière et contradictoire et si elle doit être révisée, c'est d'un commun accord. En réalité, l'objectif est bien d'instaurer une relation responsable et durable entre l'entreprise et chacun de ses salariés, ce qui signifie un discours de vérité. Vérité sur les attentes, les objectifs, les moyens mis en œuvre pour les atteindre, analyse des déficits éventuels de part et d'autre et mise en place de mesures adaptées pour y remédier (formation, réorientation, évolution…).

On le voit, la confiance ne se décrète pas, elle se construit simplement à travers des relations suivies, une forme d'assurance et de réassurance permanente et mutuelle. Cette démarche n'a en effet rien d'univoque, les gages de fidélité sont nécessairement réciproques. L'entreprise doit s'assurer la fidélité de ses collaborateurs loyaux et impliqués tout en leur donnant les moyens de cette loyauté et de cette implication. Les salariés pour leur part ne devront-ils pas retrouver le sens de l'engagement pour envisager cette relation durable avec l'entreprise ?

Dans un article du *Parisien Économie* du 11 janvier 2016, répondant à Tarek Ouagguini – cofondateur de Cacter –, Frédéric Mazzela déclare :

> *« Chez Blablacar, on prône le partage, l'apprentissage, la confiance en soi et nous n'avons pas peur de l'échec dès lors qu'il est constructif. »*

Pour une relation responsable

Fondamentalement, le marketing RH doit faire en sorte que la fidélité soit le résultat d'un choix permanent. Il ne s'agit plus, on l'aura compris, de s'attacher les services d'un collaborateur en l'enfermant dans un système qui viserait à le prendre totalement en charge jusqu'à l'infantiliser, à l'instar de ce que pratiquaient les maîtres de forges à l'ère industrielle.

Pour ce salarié, il n'est plus question de tout attendre de son entreprise, notamment une carrière et un emploi à vie, ne serait-ce que parce que cette entreprise est elle-même confrontée à des mutations du marché de plus en plus rapides. En revanche, la nouvelle approche va consister à faire correspondre le plus longtemps possible l'offre de l'entreprise à la demande de chacun de ses salariés[1], sachant que cette offre et cette demande sont par définition évolutives.

C'est cette démarche de segmentation, d'individualisation qui va créer de la fidélité et de la motivation car ces salariés prendront conscience de l'intérêt qu'ils ont à rester dans l'entreprise. C'est ce que l'on pourrait appeler « l'utilité d'appartenance ». Ne parlons pas de fierté d'appartenance, ne rêvons pas ou ne faisons pas semblant de rêver comme voulaient le laisser croire des consultants qui en ont fait leur cheval de bataille.

1 Ou du moins à chacune des typologies de salariés pour ne pas dire de segments.

Mais cette individualisation et cette utilité d'appartenance ne doivent pas engendrer un renforcement de l'individualisme et un glissement vers l'opportunisme. Car, sinon, cela risquerait de générer un groupe de « mercenaires » qui pourraient perdre tout attachement, même minimum à l'entreprise. Celle-ci se trouverait alors face à des comportements et à des implications calculés et de plus en plus exigeants. On arriverait, dans ce cas, à un résultat inverse de celui recherché.

C'est pourquoi en parallèle à cette recherche d'individualisation, l'entreprise devra également permettre à chacun de s'identifier à un « drapeau », un projet, une culture, des valeurs qui permettront de fédérer des équipes. Elle s'efforcera aussi à rechercher et inventer des modes d'attachement qui pourront être différents selon les individus.

L'entreprise devra enfin, pour contrebalancer les individualismes, créer de l'implication affective en permettant à chacun de s'identifier, qui, à un tuteur, qui, à un projet, qui, à un nouveau mode de relation.

Cette recherche de fidélisation est donc extrêmement salutaire pour l'entreprise puisque, là aussi, elle sera porteuse d'innovations. Innovations sociales et innovations d'organisation. Pour cela, il faut que les DRH se montrent curieux des évolutions socioprofessionnelles et des alternatives aux formes de salariat classiques. Prenons simplement l'exemple des « slasheurs » qui cumulent plusieurs statuts comme par exemple manager de transition, intérimaire, auto-entrepreneur et qui ont un rapport très nouveau à l'entreprise.

Plus globalement, la fidélisation va devenir un élément constitutif de la valorisation de l'entreprise, alors même que son image peut à tout moment être attaquée ou dégradée de l'extérieur. La mise en œuvre du marketing RH contribue à renforcer les défenses immunitaires d'une organisation en prenant en compte les aspirations de chacun de ses éléments, dans un mouvement de mobilisation dynamique et solidaire de progrès partagé.

QUIZ

Carnet de bord de la fidélisation des collaborateurs

Remplissez-vous les conditions suivantes ?

- ☐ Offrir un travail et des missions variés et motivants, poussant à se dépasser.
- ☐ Permettre à chacun, quel que soit son âge, de développer en permanence ses compétences et son autonomie à travers des formations qualifiantes, en un mot, son employabilité.
- ☐ Favoriser l'implication et l'engagement sur des projets par-delà la seule appartenance.
- ☐ Proposer des évolutions de carrière, même si elles sont horizontales.
- ☐ Veiller à une rémunération stimulante et liée à des objectifs.
- ☐ Mettre en place l'empowerment.
- ☐ Organiser le transfert de savoir-faire entre générations, dans une logique de diversité et de complémentarité.
- ☐ Transformer les managers en « coachs », c'est-à-dire celui qui clarifie, qui structure et qui soutient.
- ☐ Prendre en compte l'individu et ses besoins, derrière le collaborateur.
- ☐ Introduire la notion de rémunération globale, adaptée à chacun.
- ☐ Multiplier les possibilités d'aménagement du temps de travail.
- ☐ Mettre en place des services personnels aidant chacun à mieux gérer son quotidien.
- ☐ Faciliter l'expression et la participation de tous pour innover, trouver des solutions, progresser ensemble…
- ☐ Créer un actionnariat salarié.
- ☐ Réaliser un intéressement individuel et un intéressement collectif.
- ☐ Connecter l'entreprise sur des questions sociétales.

• • •

• • •

- ☐ Promouvoir des valeurs tangibles dans la vie de tous les jours dans l'entreprise.
- ☐ Se montrer imaginatif dans la mise en œuvre des conditions de travail et de communication, notamment à travers les nouvelles technologies et en particulier le réseau social interne qui permet d'être « collaboratif »… comme « collaborateur ».

L'essentiel

- **Le *turn over* n'est pas une fatalité.** La fidélité de salariés engagés est la conséquence directe d'un management de proximité et participatif qui propose aux collaborateurs des évolutions professionnelles.
- **L'*employee emporwerment* est une source de valorisation**, de reconnaissance et d'innovation.
- **La reconnaissance des salariés** passe également par une rémunération juste et une série d'avantages sociaux différents des autres entreprises.

Chapitre 5

Évaluer en permanence le capital humain

Executive summary

- **Le capital humain de l'entreprise n'est pas « fixe »**, il doit être en permanence jaugé, évalué, formé.
- **Les DRH doivent faire preuve d'innovation** en matière de formation et de développement des salariés, d'équilibre vie professionnelle personnelle, de relations hiérarchiques.
- **Ce chapitre montre** l'importance du management du capital humain dans l'appréciation qui est faite de l'entreprise.

La nécessaire évolution des relations entre l'entreprise et chacun de ses collaborateurs comme gage de fidélisation, que nous avons soulignée dans le précédent chapitre, ne va pas sans une évaluation permanente de ces mêmes relations sous leurs différents aspects. Après avoir servi à la conquête puis à la fidélisation des collaborateurs, le marketing RH entre dans une phase d'animation, c'est-à-dire de persistance de la fidélisation et de renforcement de l'implication des salariés.

Là encore, un parallèle est nécessaire avec la gestion de la relation d'un client pour comprendre l'enjeu de cette phase qui consiste, ni plus ni moins à entretenir ce que l'entreprise a de plus précieux : son capital humain.

Pour évaluer l'efficacité de sa politique marketing et commerciale, une entreprise dispose classiquement d'indicateurs que sont le nombre de ses clients, la quantité des produits qu'elle leur a vendus, puis le montant des achats réalisés par chaque client. En conquérant de nouveaux clients, elle cherche à développer son chiffre d'affaires. Et plus, ses clients lui sont fidèles, plus elle réduit ses coûts, dans la mesure où elle amortit dans la durée ses coûts de conquête. Ainsi, les clients d'une entreprise représentent un capital dont la valeur peut s'apprécier suivant leur nombre et leur potentiel dans le temps, leur durée de vie.

Quand les clients sont plus difficiles à conquérir, en raison d'une plus grande concurrence sur les segments ciblés par exemple, l'entreprise travaille ses clients fidèles en cherchant à leur faire acheter davantage de produits ou services, quantitativement. Mais pour relayer l'effort de conquête et la maximisation du profit, une troisième voie, plus qualitative, consiste à développer le capital client à travers l'exploitation optimum des potentialités de la clientèle – en terme de niveau d'achats notamment – en s'adaptant aux besoins du client qui évoluent tout au long du cycle de vie.

C'est évidemment cette voie qui est transposable en matière de marketing RH. De même que le marketing de la relation client permet de développer le capital client, de même le marketing RH va viser à mettre en place des outils de valorisation du « capital collaborateur ». Ces outils permettent de pérenniser une démarche de fidélisation ciblée, axée sur le développement de la valeur de chaque « cliemployé ». Mais auparavant, pour fidéliser et développer le potentiel de ses collaborateurs, l'entreprise doit s'assurer qu'elle remplit correctement son contrat de base avec chacun d'entre eux, tout en vérifiant – et c'est là évidemment une différence fondamentale avec la relation client – que la réciproque est vraie. Ce sont tous ces aspects que nous examinerons dans ce chapitre.

Par-delà la mesure de satisfaction

Qu'est-ce que mesurer la satisfaction de ses employés ? Quand cette mesure existe, elle concerne une population dans l'entreprise et porte le plus souvent sur la qualité de la communication interne, prise dans son acception plus ou moins large. Ainsi traditionnellement, le niveau d'information dont dispose une entreprise, grâce à ces « baromètres », en matière de satisfaction de ses salariés concerne pour l'essentiel leur poste ou l'entreprise en général. Typiquement, le taux de turnover, qui résulte, rappelons-le, du nombre de départs constaté sur une année par rapport à une population considérée – l'ensemble des collaborateurs ou une catégorie de personnel – a toujours été un indicateur RH qui permet d'établir une comparaison dans le temps ou par rapport à une moyenne du secteur. Ainsi, quand une entreprise de services, par exemple, constate un turnover de 20 % chez son personnel, alors que la moyenne du secteur tourne autour de 30 %, elle peut s'estimer « meilleure », mais ce constat doit donner lieu à une analyse. Ce turnover global doit être observé par secteur, service de l'entreprise et à ce niveau il convient de comparer les taux et de vérifier plus particulièrement que le turnover de mobilité interne est conforme aux objectifs. En tout état de cause, il est nécessaire d'analyser les raisons de ces différentes formes de turnover en interne ou vers des entreprises extérieures. En interne, ce turnover peut aussi bien révéler le dynamisme d'individus cherchant à progresser dans l'entreprise que des problèmes de management ou d'organisation entraînant des souhaits de changement. Vers l'externe, le turnover peut être le signe d'une moindre attractivité de l'entreprise par rapport à ses concurrents ou d'une incapacité à répondre aux souhaits d'évolution de certains personnels.

L'analyse des indicateurs ressources humaines qui seront de plus en plus nombreux devra s'affiner et permettre aux DRH de démontrer leurs résultats ou d'alerter des directions générales. L'importance grandissante accordée aux indicateurs va donner aux directeurs de ressources humaines la capacité de se fixer des objectifs concrets et de réaliser des actions tangibles.

Cette analyse des indicateurs devra permettre par exemple de sérier les tranches d'âge, les fonctions, ou les métiers pour lesquels le turnover est le plus important ou enfin d'identifier les périodes de fluctuations fortes liées à des variations d'activités saisonnières.

Comme nous le verrons pour les enquêtes d'opinion, les indicateurs tels que le turnover seront donc segmentés car, quand ils représentent une moyenne générale, ils peuvent masquer des différences extrêmes selon telle ou telle catégorie de personnel.

Il convient donc de réunir un maximum d'informations pour engager, le cas échéant, des actions d'amélioration. L'évolution de ces indicateurs doit aussi faire l'objet d'un suivi pouvant faire partie des objectifs mesurables, à la disposition des managers pour déclencher des intéressements individuels, sous forme de bonus par exemple. En effet l'engagement, dont le niveau individuel contribue à la performance collective de l'entreprise, est assez rarement mesuré.

Quand une entreprise cherche à développer son capital humain, mesurer la satisfaction de ses collaborateurs est certes nécessaire, mais insuffisant : une forte insatisfaction peut n'avoir aucune conséquence sur la fidélité, si elle porte sur des points négligeables dans l'appréciation générale du collaborateur sur les éléments pris en compte. Aussi, parallèlement à la mesure de satisfaction, une évaluation précise de ce qu'attend le collaborateur doit-elle être réalisée pour définir les priorités d'actions qui augmentent l'engagement de chacun.

Une fois de plus les nouvelles technologies vont être d'un apport considérable.

Les enquêtes d'opinion fondées sur des formulaires papiers expriment, de par leur mise en œuvre dans l'entreprise, une vraie volonté de mieux connaître l'avis des salariés et plus globalement, le niveau du climat social.

Toutefois leur organisation, leur durée, leur compilation, leur coût en font souvent un instrument lourd pour l'entreprise. Qui plus est, leurs résultats sont souvent trop généraux, plus ou moins éclairants, surtout quand les pourcentages de participation sont faibles.

Grâce à un système en ligne, l'étude d'opinion va pouvoir être quasiment permanente et surtout plus précise car où elle pourra plus facilement se réaliser pour tel ou tel type de service, de catégorie de salarié. Et surtout si ce « baromètre » permanent permet à chacun de s'exprimer librement, de poser des questions et d'obtenir des réponses.

La réactivité des entreprises devrait en être décuplée. Évidemment, ces études seront d'autant plus pertinentes qu'elles reposeront sur une éthique qui certifiera la confidentialité absolue de la démarche.

Remarque

Des entreprises dont les salariés n'ont pas à utiliser au quotidien des ordinateurs mettent à leur disposition des bornes informatiques communes qui deviennent en l'occurrence de véritables outils d'accès à l'information, la formation (e-learning) et plus généralement au management.

Ces bornes permettent enfin de devenir un réceptacle permanent des questions que posent les salariés, voire, dans certains cas, des innovations imaginées par chacun.

Ces nouveaux espaces, dédiés au personnel, deviennent des lieux d'échanges, de convivialité, de vie professionnelle différents.

L'auto-évaluation

En complément de ces enquêtes d'opinion collective et somme toute, relativement dirigée, pourquoi ne pas demander au personnel de l'entreprise, comme cela se fait dans certains pays, comment tel salarié juge sa propre performance ? Des études « miroir » aident ainsi à mesurer le chemin à parcourir en interne pour mieux satisfaire aux objectifs et à définir les actions à mener pour parvenir au niveau de qualité voulu.

Ces auto-diagnostics peuvent s'imaginer à travers un questionnaire « en ligne » auto-administré et pouvant être comparé à un référentiel établi par l'entreprise. Les résultats de cette évaluation volontaire ne doivent être connus que par le salarié lui-même.

Les constats d'écart déclencheront d'autant plus de corrections qu'ils auront été faits par les intéressés eux-mêmes. Quand il s'agit d'objectifs concernant la qualité du service ou des relations avec les clients internes ou externes, ces résultats pourront être mis en regard de ceux d'une étude menée auprès de ces derniers.

Du « quoi faire » au « pourquoi faire ? »

Ces approches responsabilisantes renforcent la motivation des collaborateurs qui d'une part, disposent ainsi de repères et de perspectives pour leurs actions et, d'autre part, se sentent écoutés et plus impliqués dans l'élaboration des moyens pour atteindre les objectifs. C'est cette nouvelle logique que ce type de démarche participative contribue à instaurer dans les organisations, à l'opposé des schémas où chacun est chargé d'une tâche ou d'une mission sans toujours en connaître la finalité ultime ni avoir les moyens d'en évaluer l'impact. Il ne s'agit plus de créer les conditions d'une adhésion passive aux valeurs et aux objectifs de l'entreprise mais bien de faire en sorte que la satisfaction de chacun crée de la proactivité.

L'évaluation : une démarche partagée et régulière

Une logique d'objectifs

La fixation des objectifs et l'évaluation de la performance font aujourd'hui partie des basiques des pratiques RH pour la plupart des grandes entreprises, du moins le disent-elles. Il s'agit d'aligner les objectifs individuels sur les objectifs de l'entreprise. Par quels moyens ? Ces moyens existent et ont fait leurs preuves quand ils ont été mis en œuvre dans la durée : ce sont les entretiens dits « d'évaluation ». Réalisés en général une fois par an, plus souvent si nécessaire (entretiens *flash*, plus courts mais pouvant éviter les malentendus, ils permettent de faire un « rapport d'étape ») entre chaque collaborateur et son manager direct.

Ces entretiens d'évaluation sont considérés comme inutiles par certains responsables, quelquefois à des postes élevés dans l'entreprise, simplement car ces derniers considèrent qu'ils rencontrent quotidiennement les collaborateurs.

Ce sont évidemment ces types de managers et leurs équipes qui auraient le plus à tirer profit de ces entretiens, qui les obligeraient à se parler véritablement.

Ces entretiens d'évaluation sont sans doute « victimes » de leur simplicité, considérés comme *has been*. Pourtant, c'est bien cet aspect simple du dialogue direct qui les rend riche et finalement très humains.

Précisons que ces entretiens doivent être structurés, suivre une logique déterminée et faire l'objet d'un document écrit, signé par le collaborateur et son manager. En général, on y retrouve assez classiquement un descriptif de la mission dont on voit bien d'une année sur l'autre si elle évolue ou non, une série d'objectifs quantitatifs et/ou qualitatifs comprenant pour chacun d'entre eux un critère qui permettra d'apprécier s'il a été atteint et dans quelle mesure. Ensuite, des moyens sont affectés ou des préalables posés à l'atteinte de ces objectifs : outils, formations, budget, étude de faisabilité... Les souhaits de formation, d'évolution, de mobilité sont également notés.

Un temps fort

Ce moment de rencontre formalisé doit véritablement constituer une occasion privilégiée d'échanges : très souvent, les interlocuteurs y découvrent des éléments qui n'avaient pas été verbalisés et qui pesaient de façon insidieuse sur la relation. C'est un moment de dialogue qui ne doit souffrir aucune perturbation ou interruption intempestive, tel qu'un appel téléphonique ou l'incursion d'un tiers, comme cela arrive encore trop souvent.

Ce doit également être un moment de parler vrai, franc. Finalement, à bien y regarder, de telles opportunités d'échanges dédiés et sereins sont rares (y compris finalement dans la sphère privée de chacun). Il faut donc profiter de cet acte de management pour mieux connaître l'autre, mais aussi le reconnaître à travers une relation individualisée. L'entretien d'évaluation est envers les cadres un rendez-vous classique : attention à ce que l'habitude ou sa sous-préparation ne le galvaude pas ! Chez les employés, il devient une chance unique mais encore trop rare qui va, par sa seule existence, valoriser son interlocuteur. C'est un « trésor de management » que les responsables ont sous leurs pieds sans toujours en avoir conscience. À signaler qu'il est préférable de dissocier cet entretien de celui, lorsqu'il est prévu, où sont abordées les questions d'augmentation de salaire.

Pour certains responsables d'équipe qui managent directement 10 à 20 personnes, l'évaluation de chacun apparaît quelque fois comme un « pensum », à insérer dans des journées déjà bien chargées. C'est pourquoi il est souhaitable que la DRH facilite la réalisation de cet entretien grâce à des documents imprimés ou en ligne et surtout en mettant à disposition un guide d'utilisation pédagogique qui montre l'enjeu de cet acte de management.

Certaines entreprises fixent parmi les objectifs de leurs managers, la réalisation et la qualité de ces entretiens et en font un des critères de l'attribution du bonus de fin d'année.

Les entretiens d'évaluation sont à distinguer de l'entretien professionnel qui ne concerne pas l'évaluation du travail mais qui vise à accompagner le salarié dans ses perspectives d'évolution professionnelle et à identifier ses besoins de formation.

Pour les entretiens d'évaluation annuels ou quelquefois semestriels, baptisés dans certaines entreprises « entretiens flash », comme déjà évoqué, il semble toutefois évident qu'avec l'arrivée des nouvelles générations qui intègrent l'entreprise, il faille en augmenter la fréquence. Il conviendrait même d'imaginer un système parallèle avec de nouvelles formes de feedback permanent.

Exemple

Chez Davidson Consulting – arrivé à la première place du palmarès 2016 des entreprises où il fait bon travailler en France – on trouve beaucoup d'innovations. Nous avons retenu celle du baromètre de satisfaction individuelle mensuel, incluant également la satisfaction que le salarié éprouve à l'encontre de son propre manager. En résumé, si quelqu'un se déclare durant 3 mois consécutifs insatisfait dans ce baromètre, il est reçu par la direction générale de la société.

Des bases de connaissances

Ces types d'entretiens, quels qu'ils soient, ont avant tout été conçus comme des outils managériaux, nécessitant un mode d'emploi pour une mise en œuvre adéquate et efficace. Ils doivent évidemment être construits et conduits aussi dans la perspective de déboucher sur des actions précises, individualisées, acceptées, et pilotées le cas échéant avec le responsable des ressources humaines.

En effet, si tous ces entretiens sont un progrès significatif pour connaître les attentes des collaborateurs, ils n'ont d'intérêt réel que si les conclusions, les engagements sont bien pris en compte, dans la mesure du possible. Trop souvent, les souhaits restent lettres mortes sans que l'intéressé sache vraiment pourquoi.

Les entretiens ne doivent pas devenir un « alibi » de management ou un élément de procédure dont la hiérarchie doit s'acquitter.

Un enjeu essentiel

Beaucoup de jeunes salariés situent le respect de la hiérarchie et des procédures en tête des contraintes « qui leur pèsent le plus ». Bien évaluer devient donc plus essentiel que jamais.

Certaines entreprises n'hésitent pas à mettre en œuvre des processus d'évaluation de leurs managers, non seulement par leurs collaborateurs directs mais aussi leurs clients et leurs fournisseurs, internes et externes. Sans aller jusqu'à généraliser ce type de démarches « à 360° », réservées à certains managers pour les aider à mieux gérer leur progression et celle de leurs équipes, on peut imaginer donner demain davantage de latitude aux salariés pour s'exprimer vis-à-vis de leur management et ainsi éviter des situations de conflit ou des frustrations (comme nous l'avons vu chez Davidson Consulting).

Au-delà des entretiens formalisés, il convient d'encourager le management de la performance : le manager doit être formé à complimenter les membres de son équipe sur le travail effectué, à recentrer ses collaborateurs sur leurs objectifs de façon régulière et à leur reconnaître le droit à l'erreur lorsqu'ils prennent de nouvelles initiatives. Cette performance individuelle doit logiquement être rémunérée, sur des bases clairement établies et connues de tous, sous forme d'augmentations ou de bonus pour chaque catégorie de salariés.

La formation et le développement professionnel

Nous n'allons pas développer ici l'importance et les vertus évidentes de la formation, pour la gestion des carrières et la fidélisation, dans une période où l'employabilité est demandée par tous et où les changements de métiers dans une vie professionnelle seront de plus en plus fréquents. Mais alors qu'une loi a renforcé le rôle de cette fonction essentielle dans l'entreprise avec le compte personnel de formation, nous souhaitons souligner les éléments nécessaires à son efficacité.

Gravir les marches de l'escalier professionnel demande, pour le salarié, à la fois une part importante de travail mais également de l'implication et de la motivation. Il faut aussi qu'au niveau de l'entreprise plusieurs conditions soient remplies en matière de formation :

- L'entreprise doit être « apprenante » c'est-à-dire qu'elle doit être un lieu où les salariés acquièrent toujours plus de connaissances, de compétences et de professionnalisme, et où ils exercent et maîtrisent leur métier de mieux en mieux.
- Les formations ne peuvent pas se réaliser sans préparation préalable. Elles doivent être l'expression d'un projet qui reflète à la fois les besoins de l'entreprise et ceux du salarié.
- Les formations doivent être qualifiantes et permettre de capitaliser les connaissances acquises dans la pratique.
- Il doit exister une reconnaissance du développement personnel et professionnel et cela doit se traduire par une évolution de carrière.
- Enfin, il doit être développé une pédagogie qui s'adapte à l'évolution des moyens de formation. Les nouvelles technologies, le e-learning et les MOOCS – *Massive Open Online Courses* – doivent permettre d'informer et de former le plus grand nombre à des coûts de plus en plus réduits.

Exemple **« Acteurs »**

Une chaîne hôtelière avait mis au point un programme de formation qualifiante en Europe. Fondée sur un CD-Rom d'autoformation, la méthode permettait aux employés de se former à d'autres métiers que le leur. Un réceptionniste pouvait ainsi acquérir les compétences d'un barman, puis se doter d'un troisième, voire d'un quatrième niveau de compétence. Cette extension de compétences entraînait des incidences positives sur son salaire, ses responsabilités et l'accès à de nouvelles fonctions, concrétisant ainsi son évolution professionnelle.

Dans *Le Parisien Économie*, supplément du 15 février 2016 – rédacteur en chef : Jean-Louis Picot –, on peut lire un article intitulé : « Suez : priorité au développement des talents. Avec un turnover faible, de l'ordre de 3 %, Suez peut compter sur des collaborateurs fidèles. » Dans cet article, Nicole Houel, directeur délégué RH, souligne, en parlant des collaborateurs : « Il est essentiel de s'assurer du développement de leurs compétences et d'accompagner leur carrière. »

L'innovation sous toutes ses formes

Du collectif à l'individuel

La meilleure connaissance des attentes et de l'évolution du potentiel de chaque collaborateur va permettre d'apporter du carburant à ce qui va devenir le moteur des entreprises les plus performantes : l'innovation sociale. Historiquement, les organisations qui se sont montrées leaders dans ce domaine ont su faire la différence sur le marché. Ce fut le cas, dans l'industrie automobile de Ford – ce qui donna naissance à l'expression de « fordisme » –, puis de Renault après-guerre – dans un cadre il est vrai étatique – et dans les années 1970 de Volvo, ou encore plus tard de Toyota. Des entreprises moins connues ont, elles aussi, su innover socialement pour animer la relation avec leurs collaborateurs et gagner en dynamisme. Mais cette innovation sociale était le plus souvent collective, concernant tout le personnel ou une catégorie dans son ensemble. Elle répondait avant tout à la nécessité d'augmenter la productivité, sans nécessairement prendre en compte les aspirations plus personnelles des employés. Aujourd'hui, l'innovation sociale doit de plus en plus intégrer cette dimension individuelle : elle doit donc être plus personnalisée.

Des innovations de tout ordre seront à la mesure de la créativité des directeurs des ressources humaines. La créativité était une qualité peu requise pour ce type de fonction. Le profil des DRH va devoir évoluer.

Nous ne prendrons dans cet ouvrage que quelques exemples d'innovations inédites ou qui seront redécouvertes à l'aulne d'un nouvel environnement. Aux directeurs des ressources humaines et à leurs partenaires d'innover de façon concertée dans un champ extrêmement étendu.

Ces innovations feront cette différence qui, dans un monde uniformisant, va devenir une ressource rare.

Rémunération : innovations à tous les étages

Pour compenser l'absence de plus-value des *stock-options* distribuées à leurs salariés, en raison de la baisse des cours, des entreprises de nouvelles technologies ont mis en œuvre des plans d'attribution d'actions, distribuées aux salariés les plus performants. D'autres rachètent les plans de stocks « descendus sous le plancher » pour leur en proposer un plus avantageux. Certaines encore vont jusqu'à attribuer des stock-options à l'ensemble de leurs collaborateurs, dès l'embauche, avec la possibilité d'augmenter leur réserve sur la base de leur entretien d'évaluation annuel.

D'autres sociétés envoient à leurs clients un questionnaire personnalisé, dépouillé par un cabinet extérieur, qui vise à mesurer la satisfaction de ceux-ci par rapport à l'offre de l'entreprise et à la qualité de ses intervenants. Le montant des bonus annuels est déterminé à partir des appréciations des clients. Et la part des bonus dans la rémunération globale augmente avec le niveau hiérarchique...

Plus original, des entreprises américaines accordent une prime à leurs employés qui prennent soin de leur santé, en participant par exemple à des programmes de prévention de maladies chroniques, comme le diabète ou les affections cardio-vasculaires. Aux États-Unis toujours, une entreprise incite ses cadres surmenés – et donc contre-productifs – à consacrer davantage de temps à leur vie privée. Ceux qui limitent leur temps de travail à 50 heures maximum se voient remettre une prime qu'ils doivent dépenser pour leurs loisirs... Restent à trouver des transpositions « à la française » ou « à l'européenne » !

En France, également, c'est possible. On apprend dans le magazine *Entreprise et Carrières*, sous la plume de Pascal Braun, que « la Caisse d'épargne Lorraine-Champagne-Ardenne a créé un contrat d'étudiant salarié pour mieux gérer ses temps partiels. Travaillant le mercredi, le samedi matin et durant les vacances scolaires, les conseillers juniors s'assurent un revenu tout au long de leurs études ».

La redynamisation du dialogue social

La mise en œuvre d'une politique créative de marketing RH est l'opportunité, sur des bases nouvelles, d'associer les partenaires sociaux dans la recherche d'innovations mutuellement profitables pour l'entreprise et ses salariés. Il s'agit de s'inscrire dans une nouvelle dynamique, par-delà la gestion des conflits, en travaillant ensemble à une meilleure cohésion sociale autour d'une image-employeur renforcée.

Comment devenir un employeur de référence grâce à l'ensemble des acteurs de l'entreprise ? Les relations constructives et durables participent elles-mêmes à un développement harmonieux et à un climat social positif. Dans un contexte de mondialisation très concurrentiel, ce type de développement axé sur ce registre de dialogue gagnant/gagnant est un élément de cohésion mais aussi de différenciation sociale. L'obligation de ce dialogue permanent nécessaire à la recherche de cette innovation sociale devrait naturellement permettre d'anticiper des conflits potentiels et, s'ils se déclarent, d'y apporter plus rapidement des solutions concertées. Dans une Europe élargie, à la recherche de modèles et de repères communs, particulièrement en matière sociale, ce *modus operandi* innovant peut être en soi un élément fédérateur pour des acteurs dont les cultures nationales ralentissent le rapprochement.

Bien sûr, cette évolution ne pourra réussir qu'à condition de renoncer à des postures d'opposition ou d'obstruction *a priori*, de part et d'autre.

Dans un article du *Figaro* du 7 février 2016, Cécile Crouzel et Jacques-Olivier Martin posent la question : « Est-il possible d'innover socialement en France ? » à Jean-Jacques Salaün, directeur général d'Inditex France. Celui-ci répond : « Oui ! Conscients de la précarité subie par des personnes à temps partiel, nous avons mis en place un système où nos salariés peuvent cumuler deux temps partiels dans deux magasins et même parfois dans deux enseignes du groupe, afin d'arriver à 35 heures. »

Rappelons aux managers et aux DRH cette citation de Peter Drucker :

> *« L'innovation requiert la volonté de considérer le changement comme une opportunité. »*

Le changement de temps et d'espace

L'innovation va toujours essentiellement porter sur la façon de concevoir le travail dans l'entreprise. Déjà, nombre d'entre elles ont adopté les horaires variables, non pas seulement en fonction des impératifs de la production, mais dans le souci de faire correspondre ces impératifs avec les souhaits des salariés. D'autres ont abandonné la notion d'horaires de travail pour ne se concentrer que sur le respect des objectifs et le résultat.

Exemple **Univers Informatique ou comment anticiper les évolutions**

Souvent citée comme entreprise socialement innovante, la société de services informatiques, Univers Informatique, créée au début des années 1990, a été organisée d'emblée pour permettre à son personnel d'adopter une grande souplesse dans sa façon de travailler. Alors que les technologies de communication n'étaient pas aussi performantes qu'aujourd'hui, elle s'est dotée, de façon très visionnaire, d'un réseau permettant à chacun de se connecter à distance et de travailler avec ses équipes grâce à des outils de travail collaboratifs.

Le télétravail

Ces innovations seraient-elles réservées aux entreprises de l'ex « nouvelle économie », du secteur de l'informatique et des nouvelles technologies ? Sans doute pas. Les technologies, notamment avec Internet et autres smartphones et tablettes, sont aujourd'hui accessibles au plus grand nombre. Le développement des services et des prestations de type intellectuel, par rapport aux activités de production industrielle, élargit le champ des possibilités.

Prenons comme exemple « emblématique » d'innovation sociale, le télétravail. Tout a été dit et écrit depuis longtemps sur ce phénomène qui continue pourtant encore à susciter une abondante littérature. Pour résumer le propos et surtout le ramener au sujet de cet ouvrage, la mise en œuvre de cette innovation sociale – systématique et non marginale – n'est-elle justement possible qu'à partir du moment où une démarche marketing RH préexiste dans l'entreprise ?

Les pré-requis à la réussite de la mise en œuvre du télétravail – tels qu'ils ont été identifiés et validés à travers de nombreuses expériences – sont beaucoup plus faciles à obtenir dans ces conditions. En effet, les freins au télétravail proviennent traditionnellement, outre des habitudes managériales, de ce que l'entreprise ne sait pas toujours bien apprécier la loyauté de ses salariés. Plus généralement, ce type d'innovation se heurte au fait que l'organisation a été conçue non à partir des aspirations de chacun mais pour imposer une règle commune au plus grand nombre.

Mais à partir du moment où l'entreprise demande à ses employés des résultats plutôt que de se conformer d'abord à des horaires fixes de présence, qu'elle a fait tout le travail amont, que nous avons décrit, de définition précise de la mission de chacun, de détermination et de suivi d'objectifs, de mesure de satisfaction (et de motivation), tous les pré-requis sont réunis pour permettre le télétravail, dans la mesure où l'intéressé(e) le souhaite. Une autre erreur serait de considérer le télétravail comme un aboutissement, plutôt que comme une étape transitoire. Dans le cadre de la recherche d'un meilleur équilibre entre vie privée et vie professionnelle – souhaité aujourd'hui par un grand nombre de salariés – le télétravail correspond bien au moment de la vie où, les enfants étant en bas âge, on souhaite leur consacrer davantage de temps, voire vivre avec eux loin de la ville. Quand ces enfants grandissent, que le rapprochement avec le collège, le lycée puis l'université devient nécessaire, c'est un autre cycle qui commence, mais entre-temps le télétravailleur peut aussi se voir proposer une nouvelle mission nécessitant une présence plus importante au siège de l'entreprise. Tout cela doit être convenu avec l'entreprise, en fonction de différents scénarios possibles.

Dans un article de *La Tribune* du 22 mai 2015, intitulé « Quand le travail fait sa révolution », le journaliste Pierre Manière écrit : « Le télétravail a le vent en poupe. Et pour cause : selon l'observatoire régional de santé en Île-de-France, 32 % des actifs franciliens passent entre une et deux heures par jour dans les métros, RER et bus pour se rendre au travail. Pour éviter cela, des espaces de travail à distance voient le jour dans des zones industrielles. L'an dernier, le promoteur immobilier Nexity a lancé son programme Blue Office. Concrètement, il s'agit de bureaux situés en petite et grande couronne parisienne. Moyennant des tarifs de 25 à 65 euros la journée, les entreprises peuvent louer des espaces collaboratifs ou des bureaux individuels pour leurs salariés. »

La possibilité de partir

Cette gestion prévisionnelle des évolutions de carrières, qui a dans le passé souvent montré ses limites, ne sera-t-elle pas justement facilitée par l'approche marketing des ressources humaines ? Logiquement, elle le devrait. Ces évolutions seront sans doute moins linéaires que par le passé, du fait notamment du raccourcissement des cycles économiques qui oblige les entreprises à davantage de souplesse. Mais sans doute les salariés l'accepteront-ils d'autant mieux que des solutions alternatives pourront alors leur être proposées pour mener d'autres projets socialement innovants.

D'ores et déjà des entreprises permettent à leurs employés de prendre des congés sabbatiques pour se consacrer à un projet personnel ou à une cause humanitaire Des PME acceptent de pratiquer le multi-salariat, autrement dit de partager des ressources avec d'autres entreprises, d'autres vont plus loin en « échangeant » durant un temps des collaborateurs qui ont ainsi l'opportunité d'élargir leur champ de vision et d'en faire bénéficier leur entourage professionnel, dans un sens et dans l'autre. D'une façon générale, l'objectif est de donner aux individus les moyens de leur évolution, d'abord dans le cadre de l'entreprise mais, pourquoi pas à terme, à l'extérieur.

Le paradoxe n'est-il pas que ce sont les entreprises capables d'apporter cette liberté qui auront le plus de chance de fidéliser durablement leurs employés, alors que celles qui ne prendront pas ce risque calculé auront toutes les chances de voir partir les meilleurs à la première occasion !

Dans *L'Express* du 13 avril 2016, où étaient publiés les résultats du baromètre 2016 de l'institut allemand Trendence des entreprises préférées des jeunes diplômés, la journaliste Danièle Licata écrit : « On constate qu'avant de se lancer dans l'entreprenariat ou de s'épanouir dans des petites structures, les jeunes diplômés font leurs armes dans des grands groupes, chez qui ils acquièrent, outre de l'expérience, une véritable expertise. Ces grandes marques font finalement figure de troisième cycle ».

Mais les DRH doivent être lucides, les jeunes générations, surtout la « Z » (née après 1995), se sentiront rapidement étriquées dans des grandes structures, qui plus est, s'ils ont à faire à des managers beaucoup plus âgés. Rappelons qu'un de ces jeunes sur deux rêve de créer sa start-up.

Le développement personnel et professionnel

L'exigence de la formation

La notion de programme de fidélisation, appliquée à la gestion de la relation client, peut être définie comme l'ensemble des actions, incluant la réflexion préalable, visant à rendre des clients plus actifs (en termes de consommation) et à pérenniser la relation préférentielle entre ces clients et l'entreprise. Transcrite en termes de marketing RH, cette notion qui s'applique alors aux collaborateurs de l'entreprise englobe l'ensemble des actions de motivation telles que nous venons de les évoquer à travers les différentes formes de participation notamment, mais aussi et de plus en plus la formation et le développement personnel.

Pourquoi ? D'abord pour une raison très simple : outre que cette formation est indispensable à l'amélioration du potentiel de chacun au service de l'entreprise, elle est pour les éléments les plus dynamiques un pré-requis à leur investissement durable au sein de celle-ci. Car, nous l'avons vu, chacun a compris que, pour réussir un parcours professionnel dans un environnement économique et social en perpétuel changement, il était indispensable non seulement d'affiner en permanence ses compétences mais d'en acquérir de nouvelles.

Fait nouveau : cette évolution qui autrefois pouvait prendre des dizaines d'années, est aujourd'hui extrêmement rapide, notamment dans les secteurs de pointe et de nouvelles technologies. C'est pourquoi aussi l'entreprise est investie par ses salariés de la responsabilité de les former en permanence, faute de quoi ils ne sont plus prêts à lui consacrer leur travail, sachant qu'il n'aura plus de valeur demain sur le marché, sans cette employabilité indispensable.

Formation au long cours

Des entreprises mettent en place de véritables « centres des métiers » pour pouvoir assurer les formations et les évaluations correspondantes. Gageons que l'« offre formation » des entreprises devienne un élément de différenciation fort, non seulement pour attirer et fidéliser les salariés les plus motivés, mais aussi pour animer ses relations avec eux tout au long de leur cursus dans l'entreprise.

La cohérence

La deuxième raison pour laquelle l'entreprise doit mettre en place des programmes de développement personnel et professionnel est que sa performance sur son marché dépend de plus en plus de sa capacité à créer de la cohérence dans le fonctionnement de ses équipes, alors que leur organisation doit sans arrêt s'adapter aux besoins nouveaux de ce marché. Cette re-création permanente passe par l'apprentissage de techniques de management par projet, par exemple, mais nécessite aussi de développer chez chaque collaborateur un certain nombre de qualités relationnelles et comportementales qu'il ne possède pas toujours d'emblée.

C'est donc bien à partir d'un diagnostic préalable, réalisé selon les méthodes d'évaluation que nous avons déjà évoquées, ou dans le cadre d'un bilan de compétences comme nous le verrons plus loin, qu'un programme de développement personnel pourra être engagé, avec des objectifs précis pour l'entreprise et son collaborateur. C'est là aussi un apport de la démarche marketing RH : faire en sorte que le développement personnel soit utile et pertinent, correspondant à la fois aux besoins de l'entreprise et à ceux du collaborateur, de façon personnalisée.

Cette adéquation n'a pas toujours été respectée dans le passé, conduisant les directions des ressources humaines à ne réserver ces programmes qu'à certains profils et des salariés à suivre ces programmes à défaut d'une formation technique ou professionnelle qui leur était, elle, refusée mais qui pourtant aurait été beaucoup plus profitable pour tout le monde. Ce type de dérive n'a plus lieu d'être. Le développement personnel n'est plus un gadget ni un luxe inutile, il s'intègre dans un parcours balisé qui comprend aussi de la formation professionnelle. Il s'agit donc de construire un programme mixte.

Dans le cadre de ce programme, les outils mis en œuvre sont évalués à la fois par la DRH et par chacun des collaborateurs auxquels est demandé un retour d'informations, de façon à juger de la pertinence de la méthode ou du cursus retenus. L'ensemble de ces informations alimente la base de connaissances de la DRH et lui permet à terme, en fonction du profil de chaque collaborateur, de jouer un rôle actif et plus pertinent de conseil dans le choix des formations et des stages. On l'aura compris, rien ne doit être « laissé au hasard », car ni l'entreprise ni ses salariés n'ont d'argent et de temps à perdre dans la course au mieux savoir-faire et savoir-être.

Le bilan de compétences

Un outil à optimiser

N'est-il pas étonnant que l'on n'ait recours au bilan de compétences, dans la très grande majorité des cas, que dans une perspective d'*outplacement*, autrement dit au moment où l'entreprise envisage de se séparer de son collaborateur et souhaite l'accompagner dans une démarche de recherche d'un nouvel emploi ?

Le bilan de compétences vise en effet à évaluer l'ensemble des potentialités d'une personne, à la fois sur le plan professionnel en référençant l'ensemble des connaissances, des savoirs et des expériences de l'individu, et sur le plan comportemental, voire émotionnel. Ce bilan vise donc aussi à connaître des qualités plus intrinsèques à la personne, qui vont faire qu'elle trouvera son épanouissement dans tel domaine plutôt que tel autre, qu'elle devra le cas échéant travailler sur tel aspect de sa personnalité si elle souhaite progresser dans une direction déterminée. C'est pourquoi, s'il est bien fait, ce bilan de compétences est très utile, très instructif et peut servir généralement à celles et ceux qui cherchent à se réorienter sur le plan socio-professionnel.

Dès lors, ne serait-il pas souhaitable que ce bilan se fasse non pas du côté de la sortie, mais à chaque fois qu'un collaborateur, bien intégré dans une entreprise, est confronté à la question de sa réorientation, soit qu'il estime « avoir fait le tour » de sa mission, soit que sa fonction dans l'entreprise n'ait plus lieu d'être en raison par exemple d'une réorganisation ? Comme nous l'avons déjà évoqué, l'entreprise manque trop souvent d'outils pour bien connaître ses salariés et être en mesure de leur proposer une évolution correspondant à la fois à ses objectifs et à leurs souhaits. Si les actions de marketing RH sont bien opérées, dès la phase de sélection et de recrutement et tout au long de l'intégration grâce, notamment, à une évaluation régulière, cette méconnaissance devrait tendre à disparaître. Pourquoi dès lors se priver de cet outil très riche – mais sans doute encore trop coûteux –, le bilan de compétences, dans le cadre d'une démarche commune de progrès entre l'entreprise et ses collaborateurs ?

Reprendre confiance

Le paradoxe est qu'à l'heure actuelle, les entreprises qui participent pourtant au financement de ces bilans, n'ont pas accès à leurs résultats. Cet état de fait est sans doute révélateur du manque de confiance. Sans faire preuve d'angélisme ou de naïveté, osons tout de même proclamer que cette vision du monde du travail devrait pouvoir être dépassée, ce qui nécessite une volonté de part et d'autre.

Aujourd'hui, le bilan de compétences permet à un salarié d'avoir une meilleure visibilité de ses points forts et de ses points d'amélioration. Il est censé lui permettre de choisir la meilleure orientation possible sur le plan professionnel. Ce bilan de compétences ne produit pas tous ses effets dans la mesure où, nous l'avons vu, il est perçu le plus souvent par l'employeur comme un signe que son collaborateur songe à le quitter, et *a contrario* n'est suggéré par l'entreprise au collaborateur que dans une perspective de séparation.

Dans la réalité, il révèle des éléments d'information précieux qui, connus par l'employeur, auraient pu lui permettre de prendre conscience de potentialités ignorées, souvent utiles et même décisives pour une réorientation de son salarié. Intégrer le bilan de compétences revient à ne pas le considérer comme une dépense, certes obligatoire, consentie pour des salariés sur le départ, mais comme un investissement pour déterminer si une réorientation, au sein de l'entreprise, n'est pas finalement plus profitable qu'une séparation, fût-elle conventionnelle. Dans la pratique, cela signifie que le bilan de compétences devrait être débarrassé de sa connotation négative pour être réintégré dans le programme d'animation du collaborateur. Le chantier là encore est prometteur car il correspond bien à une évolution des relations entre l'entreprise et ses salariés. De façon très concrète, il ouvre aussi des perspectives sur ce que l'on appelle l'employabilité de chacun.

Vers un passeport professionnel ?

Cette employabilité n'est-elle pas aujourd'hui difficile à évaluer justement, notamment en cas de changement d'employeur ? Déjà, nous l'avons vu, des entreprises peuvent considérer que certains de leurs salariés ne sont plus employables parce qu'ils ne disposent pas de toutes les données utiles pour en juger réellement.

Que dire alors du nouvel employeur potentiel qui doit former son appréciation sur des éléments aussi réducteurs qu'un *curriculum vitae,* une lettre de motivation et confirmer son choix par un ou plusieurs entretiens, voire une batterie de tests pour les « hauts potentiels » ?

Sans compter le coût généré par ce recrutement, quand un individu aura eu en charge différentes missions dans une ou des entreprises, qu'il aura entre-temps décidé de se consacrer à un projet plus personnel, qu'il aura suivi des formations, souvent pointues... Comment imaginer mesurer toute la richesse de son expérience, de ses qualités réelles, si on ne dispose pas d'éléments plus précis sinon exhaustifs ?

Il pourrait être envisageable, au sein d'une entreprise, de répertorier ce type d'informations. Mais comment faire en sorte que le salarié en question, s'il quitte l'entreprise, puisse se prévaloir de cette expérience connue et reconnue par son ancien employeur ?

Un passeport professionnel (quelque soit le vocable utilisé) pourrait-il voir le jour ? La technologie est prête, les mentalités sans doute moins. On peut difficilement parler d'employabilité sans donner à chacun non seulement les moyens de recréer en permanence cette employabilité pour soi et pour les autres, mais aussi les moyens de la prouver. Qu'on le veuille ou non, une personne qui quitte une entreprise et se retrouve à la recherche d'un emploi ne jouit pas d'une position avantageuse face à de nouveaux employeurs possibles. Dès lors, faut-il s'étonner que les éléments les moins dynamiques hésitent à prendre le risque du changement, tandis que les plus autonomes saisissent au contraire la meilleure occasion, dès qu'elle se présente, s'ils estiment que leur entreprise ne leur garantit pas le niveau d'employabilité maximal ?

Notons également la discussion sur le compte personnel d'activité (CPA) qui a pour ambition de rassembler l'ensemble des droits des actifs afin de sécuriser leurs parcours professionnels.

La validation des acquis par l'expérience, une réponse à la qualification

La VAE : qu'est-ce ?

La validation des acquis par l'expérience suppose de suivre une procédure pour faire évaluer et reconnaître l'expérience acquise. Reconnue par le Code du travail, la VAE permet de faire reconnaître cette expérience (professionnelle ou non) afin d'obtenir un diplôme, un titre ou un certificat de qualification professionnelle. Diplômes, titres et certificats sont ainsi accessibles grâce à l'expérience (et non uniquement par le biais de la formation initiale ou continue), selon d'autres modalités que l'examen.

L'évaluation de l'expérience consiste à rassembler différents modes de preuves destinées à démontrer l'expérience acquise et son lien direct avec le contenu du titre ou diplôme visé.

Il est important de favoriser la VAE dans une perspective de gestion de l'évolution des compétences nécessaires, en anticipant les besoins à venir.

- La VAE est un instrument de mobilité professionnelle. Cette démarche positive est un moyen d'officialiser ses réussites personnelles et professionnelles.

- Elle représente un outil de maintien dans l'emploi (protection sociale, gestion du risque).
- Elle est un instrument de reconnaissance personnelle (processus de réparation après les échecs du passé).
- La VAE est également et surtout un instrument de motivation du salarié et de valorisation de ses compétences de façon officielle. Cette VAE confère donc par là même une garantie d'employabilité sur le marché du travail.
- La mise en place du processus répond souvent à une demande individuelle, mais nous pensons que la démarche peut prendre une dimension collective, être inscrite dans une politique de ressources humaines, devenir un point saillant de l'offre RH de l'entreprise et donner ainsi de l'employabilité.

Une démarche de VAE collective a été mise en œuvre par une entreprise de services qui souhaitait reconnaître la montée en compétence de plusieurs de ces managers que la DRH avait identifiés.

Ainsi ces responsables opérationnels, pour la plupart autodidactes ont pu accéder à un diplôme de niveau supérieur, bac +3, d'une école supérieure de commerce en validant leur expérience professionnelle devant un jury.

Ce type de démarche, pour être couronné de succès, doit évidemment faire l'objet de plusieurs étapes. Il a d'abord fallu rechercher le diplôme en adéquation avec le référentiel des compétences des managers. Puis il a été nécessaire d'identifier l'organisme qui allait accompagner collectivement les responsables opérationnels dans leur parcours.

Enfin il s'est agi de communiquer dans l'entreprise et mettre en place un processus d'identification afin de présenter un premier groupe de managers volontaires.

Ajoutons, qu'au-delà de l'accompagnement collectif, chaque candidat a été préparé individuellement, notamment à l'entretien final.

Cette employabilité crée un double effet auprès des salariés qui se sentent à la fois considérés et dotés de plus de compétences et donc confiants pour une relation durable dans l'entreprise.

Cette employabilité est également un point fort de la promesse RH de l'entreprise et donc de son attractivité.

J'ajouterai qu'ayant été personnellement jury de certifications « assistant RH » via VAE, j'ai noté une motivation extrême des candidats qui m'incline à penser qu'ils seront très engagés dans les postes qu'une entreprise leur proposera.

La VAE reste mal connue dans l'entreprise. Et même, mise en œuvre, elle reste un parcours difficile dans la forme et dans le fond.

Pourtant la motivation, la reconnaissance, qu'elle procure à des personnes qui ont été en situation d'échec scolaire personnellement ou de manque d'évolution professionnellement est vraiment un des points qu'il faut souligner pour la promouvoir et la positionner dans le processus global de formation.

Les questions fréquemment posées[1]

■ L'un de mes salariés souhaite une autorisation d'absence pour un congé VAE. Quelle procédure doit-il respecter ?

La demande de votre salarié doit vous parvenir par courrier au moins 2 mois avant le début de l'accompagnement :

- En recommandé avec accusé de réception.
- En main propre contre décharge.

■ Puis-je refuser une demande de VAE ?

Non. Vous avez seulement la possibilité de la reporter de 6 mois maximum.

■ Suis-je obligé d'accepter un changement de dates d'absences de mon salarié dans le cadre de la VAE ?

Non, vous pouvez refuser un changement de date par rapport à ce qui était initialement prévu.

1 Ces questions/réponses figurent sur le site : www.vae.gouv.fr

■ Durant un congé de VAE, un salarié ayant un mandat de représentant du personnel peut-il continuer à exercer ses droits dans l'entreprise ?

Oui, la demande de VAE ne remet pas en question les mandats des représentants du personnel et délégués syndicaux. Ils restent électeurs et éligibles.

■ Si mon organisme financeur ne prend pas en charge la totalité des frais inhérents à la démarche VAE de mon salarié candidat, qui finance le solde ?

Le salarié peut, à titre personnel, prendre en charge les frais restants ou bien solliciter de la part de l'employeur un financement dans le cadre du plan de formation.

Le transfert de compétences

Pourquoi le bilan de compétences ne serait-il pas complété par du *coaching*, utilisé selon les cas pour permettre au salarié de se repositionner en interne ou de poursuivre sa carrière dans une autre entreprise ? Aujourd'hui cette démarche trouve son ébauche avec l'*outplacement* de cadres supérieurs.

Les notions de « coaching », de tutorat vont forcément évoluer et s'amplifier dans l'entreprise. De nombreuses personnes, notamment les seniors, qui ont quantité d'expériences à « revendre » sont bien souvent relégués à des postes qui ne leur permettent pas de transférer leur savoir-faire, leur sens relationnel, leur connaissance des organisations. Et sans parler de coaching au sens très précis et professionnel du terme, l'entreprise va devoir profiter de ces expériences diverses en fonction des besoins des salariés en difficulté ou des jeunes arrivants qui manquent de repères pour mieux travailler.

Les tuteurs sont évidemment, aussi, une « mine » pour développer l'apprentissage qui ne doit plus être assimilé aux « petits métiers », aux travaux manuels, mais devenir un élément de base dans une entreprise qui va être en permanence « apprenante ».

Et finalement cette valence de coaching sera une qualité de plus en plus indispensable au responsable dont le management et la relation évolueront face à des salariés qui accepteront de moins en moins la hiérarchie d'un « petit chef tatillon ».

On le sait, c'est largement le responsable hiérarchique direct, autant que l'entreprise en général, qui fait la satisfaction du salarié au travail. Plus de 50 % des départs sont d'abord dus au mécontentement vis-à-vis du « chef ».

De la relation salariale à la relation entreprenariale

Un passage délicat

De l'employabilité à l'entreprise de soi et à la création de sa propre société par un salarié, il n'y a qu'un pas. Mais ce pas est difficile à franchir et aussi à réussir comme le prouvent les statistiques. Évidemment, on ne peut pas tenir une entreprise pour responsable de l'échec de ses anciens collaborateurs dans leur projet entreprenarial. À plusieurs égards, n'est-il pas important pour l'entreprise de favoriser, autant que faire se peut, la réussite des entreprises de ses collaborateurs ?

Déjà, de grands groupes ont mené avec succès ce type de démarche, en externalisant certaines de leurs activités et en donnant les moyens aux anciens collaborateurs prenant en charge celle-ci de la mener à bien. Nous n'entrerons pas ici dans les détails techniques de ce type d'opérations à plus ou moins grande échelle, une abondante littérature étant disponible sur le sujet. Notre propos, là encore, est d'examiner en quoi une entreprise peut multiplier les chances de succès de ces opérations, qui englobent bien évidemment au premier chef la création pure et simple d'une activité nouvelle par un ancien salarié.

Les moyens de la réussite

Permettre à ses collaborateurs de créer leur propre entreprise n'est évidemment pas une fin en soi, ce n'est qu'un des scénarios d'évolution possibles. Simplement, ce scénario doit être prévu à l'avance, faire l'objet d'un consensus et ses chances de réussite doivent être évaluées objectivement. Or souvent l'entreprise donne « simplement » les premiers moyens matériels de créer leur entreprise à ses employés qui en acceptent l'augure. Elle ne dispose pas d'indicateurs pertinents sur la capacité réelle de ceux-ci à « manager » leur projet, n'apporte pas d'aide particulière en termes d'étude de marché, n'examine pas toujours sérieusement les synergies possibles et imaginables à court et moyen terme. Parfois, le collaborateur bénéficie d'un congé pour création d'entreprise avec une clause de réversibilité en cas d'échec mais là encore, l'entreprise pourrait jouer un rôle de conseil et envisager éventuellement le retour possible de l'employé prodige.

Une autre logique consiste à faire en sorte que la relation initiée et consolidée avec le salarié au sein de l'entreprise puisse être prolongée sous une autre forme. De même que l'entreprise a accompagné son salarié dans son développement professionnel, bénéficiant au passage de son apport de compétences pour la réalisation de ses projets, de même elle va l'aider à réussir son propre projet entreprenarial. Là encore, tout le travail de qualification et d'évaluation réalisé en amont va aider à déterminer si le salarié en question dispose des qualités d'autonomie, de prise de risque, relationnelles, managériales requises pour « se lancer » et le cas échéant de prévoir une meilleure préparation grâce à une formation *ad hoc*.

De plus, un tel projet s'inscrit naturellement dans le plan d'évolution souhaité par le salarié et négocié avec l'entreprise dans le cadre d'un programme pluriannuel. Autrement dit, cette création est l'aboutissement d'une collaboration commune et non un « pis-aller » ou dans le meilleur des cas une « porte de sortie » imposée par les événements. Si ces conditions préalables sont respectées et la démarche validée, elle a beaucoup plus de chances de réussir. Dès lors peuvent être envisagées différentes sortes de partenariats, le salarié entrepreneur devenant un fournisseur privilégié de son ancien employeur, le temps de développer sa clientèle, ou encore un partenaire dans le cadre du développement ou de la commercialisation de produits ou de services... voire même sous forme d'une franchise de la marque d'une entreprise par exemple de distribution.

Une autre relation

La différence essentielle entre une telle évolution et les pratiques d'essaimage ou d'externalisation habituelles est qu'elle repose sur une évaluation sérieuse et réciproque des chances de succès. On l'aura compris, il ne s'agit plus de faire appel à un cabinet extérieur d'*outplacement* ou d'entreprendre des négociations lourdes pour externaliser un service, avec bien souvent comme objectif de résoudre un problème conjoncturel de ressources humaines, mais de faire en sorte que la relation gagnant/gagnant instaurée avec ses collaborateurs se poursuive par-delà le contrat salarial initial. Des agences commencent à aller dans ce sens, au-delà de leur activité d'*outplacement,* pour mesurer la viabilité de cette démarche entreprenariale.

De nouveaux enjeux : notation sociale, prévention des crises...

Le capital humain

Comme le déclarait Geneviève Férone, fondatrice du cabinet de notation sociale Arèse :

> *« Si le capital humain était inscrit au bilan,*
> *on y ferait un peu plus attention. »*

Précurseuses, plusieurs entreprises ont fait apparaître des éléments d'appréciation de ce capital humain dès la fin des années 1990.

Exemple **Une vision plus claire**

En France, Grand Vision a été la première à le faire en publiant plusieurs indices dans son rapport annuel, concernant la motivation du personnel ou le baromètre d'opinion interne.
Sanofi-Synthélabo a quantifié pour sa part toutes les pratiques sociales qui peuvent l'être et dresse un comparatif avec ses concurrents français et étrangers. Son rapport contient une série d'indicateurs sociaux, concernant sa politique d'emplois, de formation, de rémunération et donne la mesure de la satisfaction des salariés par rapport à cette politique.

Aujourd'hui, Vigéo, fondée par Nicole Notat, s'est imposé comme le premier expert européen de l'analyse, de la notation sociale et de l'audit-conseil des organisations, s'agissant de leurs démarches, pratiques et résultats liés aux enjeux environnementaux, sociaux et de gouvernance.

En octobre 2015, Vigéo et l'agence britannique Eiris ont annoncé leur fusion et constituent une agence européenne d'envergure mondiale.

La notation sociale permet, de compléter l'appréciation des entreprises, au-delà de celles réalisées par les analystes financiers, notamment à travers les études d'investissement socialement responsables. Elle devient un élément important du « jugement » porté par les actionnaires, les clients, les fournisseurs, les candidats et les collaborateurs, et plus globalement ce que l'on appelle les *stakeholders*, c'est-à-dire ceux qui ont un enjeu dans l'entreprise. Cela constitue un indice d'attractivité supplémentaire pour une entreprise par rapport à ses concurrents du secteur.

Au-delà de la loi relative aux nouvelles régulations économiques et des nouvelles exigences réglementaires de *reporting* qui s'appliquent à de plus en plus d'entreprises, l'apport du marketing

RH consiste alors à rechercher avec les spécialistes en ressources humaines du sujet les indicateurs RH les plus significatifs, pour l'entreprise grande ou petite, puis à les mettre en forme clairement (de nombreuses entreprises ont créé leur *balanced scorecard*) et les suivre dans la durée afin d'établir l'évolution annuelle.

Cette synthèse permettra d'une part à l'entreprise d'avoir un tableau de suivi de son activité RH et d'autre part de communiquer, le cas échéant, ces indicateurs à l'extérieur, notamment aux entreprises de notation sociale.

Évidemment, les appréciations données par les agences aux entreprises conféreront à ces dernières une image plus ou moins bonne aux yeux des candidats et plus généralement des partenaires, au sens large, de l'entreprise. Mais elles constitueront autant de déclics pour réaliser des actions de progrès.

Finalement, que ce soit sous forme réglementaire ou exprimé de façon volontaire par les entreprises, l'enjeu devient celui de mesurer la responsabilité sociale de l'entreprise (RSE).

Il est clair que devant ces nouveaux enjeux sociaux et sociétaux de l'entreprise, le DRH va pouvoir conforter son rôle contributeur à l'image, et au-delà, à la performance de l'entreprise.

Qui plus est, il devra faire en sorte de mesurer l'évolution de cette RSE dans l'organisation.

Il est à noter que dans les entreprises qui ont mis en œuvre une démarche RSE les salariés déclarent vouloir rester dans l'entreprise ; parlent de leur employeur comme attractif ; recommandent les produits ou les services de leur entreprise.

Le DRH devra, au demeurant, comme nous l'avons écrit, se montrer plus innovant, et il lui faudra démontrer le plus souvent possible la valeur ajoutée de ses actions par des indicateurs de plus en plus systématiques, à tous les niveaux de sa fonction marketing RH, et plus globalement au niveau du retour sur investissement social.

En dernier ressort

Ce sont bien évidemment les collaborateurs de l'entreprise qui donneront corps à sa politique de responsabilité sociale. Et ce sont eux qui, interrogés par des journalistes ou des enquêteurs cherchant à dresser un palmarès des entreprises « où il fait bon travailler » ou celles préférées des étudiants et jeunes diplômés, vont s'exprimer sur la réalité des pratiques socialement avancées que met en avant leur entreprise.

Rappelons que des sites comme Happy@work ou Glassdoor recueillent en ligne des avis de salariés sur les entreprises. Ces dernières, si elles ne le font pas, devraient aller voir ce qui se dit sur elles éventuellement.

Avec des commentaires défavorables, la bonne e-réputation, l'image et une marque-employeur reconnue, qui sont si longues à mettre en place, peuvent basculer très rapidement dans le négatif.

Certains observateurs du marché de l'emploi pensent que l'on peut estimer qu'il faut obtenir 5 commentaires positifs pour atténuer 1 commentaire négatif.

Un nouvel équilibre

Figurer dans un palmarès des bonnes pratiques sur quelques critères ne garantit pas que l'entreprise soit forcémént en tout point vertueuse. Parler d'éthique, de développement durable par exemple, quand les pratiques managériales n'en sont pas le reflet exact ou manquent de transparence, ne pourra faire longtemps illusion lorsque des actionnaires, soucieux de l'opinion du public, des clients consommateurs, veilleront au respect de cette valeur, appréciée qui plus est par des agences de notation, en particulier sociale.

Mettre en avant des performances financières n'aura de sens que si les indicateurs concernant cette dimension sociale se maintiennent. Inversement, des résultats difficiles pourront être tempérés par des indicateurs sociaux positifs, signe que les collaborateurs sont mobilisés pour redresser la situation de l'entreprise.

Bref, l'opposition entre capital financier et capital humain pourra être dépassée : il sera possible de développer la profitabilité de l'entreprise en inscrivant le développement de ses ressources humaines dans la durée. Sans doute est-ce à cette notion également que les collaborateurs seront le plus sensibles dorénavant dans le choix de leur futur employeur. Demain, sur un marché des ressources humaines beaucoup plus ouvert, compétitif et changeant, chacun n'aura-t-il pas finalement tendance à rechercher aussi, – en plus de tout le reste ! – une entreprise à valeurs ajoutées humaine et sociale ?

L'essentiel

- **Le développement des salariés** passe par une organisation structurée de la formation.
- **Le DRH doit mettre en place des indicateurs de mesures de ses actions** pour, notamment, matérialiser la contribution RH aux résultats de l'entreprise.
- **Il est indispensable de bien connaître les salariés** pour mieux les reconnaître en termes de réponses à des besoins particuliers par des réponses individualisées.

Conclusion

À l'heure où l'on parle de réconcilier les Français avec le travail, c'est en fait avec l'entreprise qu'il faut leur donner les moyens de recréer des liens durables. Fondamentalement, les outils pour y parvenir existent et ont déjà, en d'autres circonstances, fait leurs preuves. Il s'agit avant tout de gratter la couche des habitudes et des certitudes pour redécouvrir des pratiques que vingt-cinq ans de bouleversements économiques et sociaux avaient remisées au magasin des accessoires. Effet de balancier ou juste retour des choses ? L'accessoire redevient essentiel au moment où les ressources qualifiées se raréfient et que de nouveaux métiers apparaissent, alors que l'entreprise a changé d'espace-temps pour s'adapter à des cycles économiques de plus en plus courts. Les changements sont plus rapides, les adaptations nécessaires sont donc plus nombreuses et la souplesse et l'agilité sont devenues les vertus cardinales des entreprises performantes.

Le défi à relever n'est plus tant quantitatif que qualitatif, plus tant matériel qu'humain. C'est en fait la relation entre l'entreprise et ses collaborateurs qui, fondamentalement, doit à son tour épouser le cercle vertueux des meilleures pratiques. Un chantier complexe où l'improvisation n'a plus sa place et où il ne s'agit plus de gérer des flux et des stocks de ressources mais de créer et d'entretenir une relation de plus en plus personnalisée entre l'entreprise et chacun de ses collaborateurs.

Le marketing RH permet de structurer, de revisiter cette relation à travers ses différentes étapes de conquête, de fidélisation, d'implication, d'animation, d'optimisation, mais également d'innovation.

Il apporte des solutions concrètes et opérationnelles à celles et ceux, chefs d'entreprises, dirigeants, responsables des ressources humaines, managers qui cherchent à rendre à leur entreprise son attractivité et à recréer un lien, sur des bases plus personnelles et responsables, avec chacun de ses collaborateurs.

Sa mise en œuvre, certes exigeante, fournit des réponses simples aux questions complexes auxquelles les organisations doivent faire face dans un monde sans frontières, où chacun recherche de nouveaux repères et un sens à sa vie dans un environnement en perpétuel changement.

Enfin, le marketing RH, par-delà ces aspects opérationnels et relationnels, contribue à donner une réalité à cette valeur montante, le capital humain. Et à travers ce mariage consommé entre marketing et ressources humaines, il permet de faire de l'humain l'élément véritablement capital.

Index

A

B

C

D

E

F

G

75389 – (II) - OSB 90° – NOC – MPN

Dépôt légal: septembre 2016, suite du tirage : novembre 2020
Dépôt légal de la 1re édition : septembre 2004
Achevé d'impression par Dupli-Print à Domont (95)
N° d'impression : 2020103820
www.dupli-print.fr
Imprimé en France